わたしの料理

坂田阿希子

どうすればおいしい料理を作れるようになりますか？

答えは簡単。
なぜおいしくなるのかを知ること。
切り方を揃えること。優しくじっくり炒めること。強火でじゃっと仕上げること。
手で和えること。弱火で蒸し煮すること。強火で煮詰めること。ｅｔｃ…

これらはみんな料理をおいしくするための方法であり、それにはみんな理由がある。
おいしくなるための方法なのだから、それをするべきだし、
その理由がわかれば納得する。
なぜおいしい料理を作りたいのか。
だって自分を含め、食べてくれる人がみんな喜んでくれる。
楽しくて幸せな時間が流れる。
料理って愛です。自分やまわりの人たちへの最高の愛の形。
だから、おいしい料理を作りましょう。
食べてくれる人たちのために、集中して。楽しんで。

そんな気持ちで、この本を書きました。

もくじ

この本で使用した計量の単位は、1カップ=200mℓ、大さじ=15mℓ、小さじ=5mℓです。

バターは無塩のもの、オリーブオイルはエキストラバージンオリーブオイル、砂糖は上白糖を用いています。

また、本書に示した圧力鍋の加圧時間は目安です。ご使用の圧力鍋の取扱説明書を参考にしてください。

鶏レバーとバターを加え、
オーブンで仕上げる
ミートソース

ミートソースというのは、どこか曖昧な料理だ。この名前を聞いて頭に浮かべる味わいは人それぞれ。だから喫茶店にもしもミートソースとナポリタンのメニューがふたつ並んでいたら、わたしは決まってナポリタンを注文する。そのほうが自分の想像の味に近いだろうと思うから。

さて、そんなミートソースだが、実のところわたしの得意料理のひとつでもある。

材料は、玉ねぎ、にんじん、セロリ、にんにく、そしてマッシュルーム。肉は脂が適度に入った赤身の牛肉を粗めにひいてもらえるといいのだが、普通にひき肉を買ってきても構わない。そして大事な味の決め手に鶏レバーを少々。この**レバーを少しだけ加えることによって、ミートソースはぐんと奥深くなる**。苦手な人は入れなくてもいいけれど、少量加えるだけでぐぐぐっと深い味わいになるのだから入れない手はない。野菜はすべて細かいみじん切りにする。ミートソースといえども、野菜はたっぷり。できるだけ細かいみじん切りにしてしっとりと一体感のあるソースに仕上げたい。

そして大切なポイントひとつめ。肉の下ごしらえである。牛ひき肉は時に脂が多くて、そのぶん肉の臭みを感じる場合がある。まずはフライパンにオリーブオイルを強火で熱し、ひき肉を最初に炒めてしまう。ひき肉からは余分な脂がどんどん溶け出してくるので、**一度ざるにあげて、脂は捨てる**。これをするとひき肉はすっきりと臭みもなくなる。この時、

しっかりめに塩をして肉に下味をつけること。すでに肉には塩味がなじんでいるので野菜と合わさった時に塩味が丸く仕上がるようになる。これでひき肉の下ごしらえは完成だ。

さあ、鍋にたっぷりとバターを熱し、にんにくを香りが出るまで炒めたら、玉ねぎ、にんじん、セロリを加える。ここは野菜の旨みや甘みを出しながら、焦がさないようにしっとり炒める気持ちで。徐々に野菜からも水分が出てくるが、少ししんなりしたらここでも軽く塩をするといい。**塩をしながら炒めると野菜の旨みが出やすくなる。**そしてこれはぜひバターで炒めてほしい。鶏レバー入りのコクのあるミートソースにはバターの風味が必須なのだ。全体的にしっとりと炒まったら、マッシュルームを加える。ひき肉料理にはマッシュルーム。これはわたしの料理には鉄則なのだが、詳しくは「ロールキャベツ」のページで。いい香りがしてくるまで炒め続けよう。

ここに鶏レバーを加えて色が変わるまで炒め、そして先ほど下ごしらえをした牛肉を加える。火を強火にして赤ワインを注ぐ。**この時、絶対に鍋肌が熱くなっていることが大事**だ。熱くなった鍋肌から赤ワインの蒸気が一気に湧く。わあわあ、もうもうと湧き上がるその蒸気ってとても大切。アルコールが飛んでいい香りがまとわりつく感じだ。そこにトマトピュレ、パセリの軸やローリエなどを加えたら、ふたをして、そしてそしてオーブンへGO！　そう、わたしの**ミートソースはオーブン仕上げ**。これがこのソースの最大のポ

イントだと思う。ここで、なぜオーブンなのかを説明したいのだが、それはなんだか野暮だと思ってしまう。だって、とにかくこっちのほうが美味しいのだもの。もう言うことなしの美味しさに仕上がるのだもの。理由なんてどうでもいい。とにかくオーブンで仕上げるべきなのだ！

45分〜1時間、オーブンの中に入ったお鍋は何も語らない。がしかし、オーブンから出したお鍋のふたをゆっくりと開けた時、最高にときめく香りがキッチンに漂って、この1時間、なんという仕事をしてくれたのだろうかとオーブンに感謝したい気持ちになる。仕上げに、少々マデラ酒なんかで香りをつけるとさらによい。

太めのパスタをゆで始めよう。ここからはもうあっという間だ。

フライパンに出来上がったソースを入れて火にかける。ゆで汁を加えたら、バターとパルメジャーノを加えてとろみをつける。ゆでたてスパゲッティを加えたら一気に和える。刻みたてのイタリアンパセリをざっとかけたら、無造作にお皿に盛りつける。

さあ、どうぞ召し上がれ。これを食べた人たちはたくさんいるのだけど、なぜオーブンで仕上げるのかを聞く人は誰もいない。でも、みんなが揃って口にする。

「わたしも今度からミートソースはオーブンで作る！」

ミートソースの作り方（作りやすい分量）

牛ひき肉…600g
鶏レバー（あれば鶏白レバー）…150〜200g
オリーブオイル…大さじ2
バター…大さじ2
にんにく（みじん切り）…2片
玉ねぎ（みじん切り）…1個
にんじん（みじん切り）…1/3本
セロリ（みじん切り）…1本
マッシュルーム（みじん切り）…10個
赤ワイン…1カップ
マデラ酒（あれば）…適量
トマトピュレ…400g
塩…適量
黒こしょう…適量
香味野菜（ローリエ、パセリの軸、タイム、セロリの葉など）…適量

❶オーブンを180℃に温め、香味野菜をタコ糸でまとめる。
❷鶏レバーは氷水につけて血の塊や筋を取り除き、水気をふき取り、細かくみじん切りにする。
❸フライパン（鍋）にオリーブオイルを熱し、牛ひき肉を入れ、塩小さじ1/2程度を加えて味をつける。ざるに取って脂を切る（この脂は捨てる）。
❹フライパン（鍋）をさっとふき、バターを溶かし、にんにくを炒める。香りが立ったら、野菜をすべて入れる。
❺全体がしっとりするまで炒めたら、②の鶏レバーを加え、色が変わるまで炒め、③の肉も加える。一様に混ざったら、赤ワイン、マデラ酒を注ぎ入れ、強火で煮詰める。火を止めトマトピュレを加える。
❻⑤に香味野菜を入れ、ふたをしてオーブンに入れ、1時間加熱する。

❼オーブンから出し、へらで上下を返すように混ぜ、塩、黒こしょうで味を調える。

◎フライパン（鍋）はオーブンに入れられるものを用いる。

スパゲッティミートソースの作り方

太めのパスタ（スパゲッティなど）
塩
ミートソース
パルメジャーノチーズ
バター
イタリアンパセリ（みじん切り）

❶沸騰した湯に塩を入れ、パスタをゆでる。
❷ミートソースをフライパンに取り、火にかけ、①のゆで汁を加えてゆるめる。
❸パルメジャーノチーズとバターを加えてとろみをつけ、ゆであがったスパゲッティとからめ、イタリアンパセリのみじん切りを加えて香りを添える。
❹盛りつけたらイタリアンパセリとパルメジャーノチーズをふりかける。

パリッとした
香ばしい皮に仕上げる

チキンソテー

疲れの溜まった休日に、何か元気をつけるものでも食べようと買い物に出かけると、わたしはたいてい肉を焼こう、ということになる。赤身の牛肉をステーキにでもするかな。それとも豚ロース肉を厚めに切ってもらってポークソテー。いやいや、今日はカリッと皮目を焼いてとびきりのチキンソテーにしようか。肉売り場の前で、しばらくじーっとこの3種類の肉を見つめ、行ったり来たりしながらその時に食べたい、身体が欲する肉を選ぶ。そして今日は鶏もも肉をカゴに入れた。チキンソテーは大好きな料理だが、洋食屋などに行っても、ついメンチカツやカニコロッケなどを選んでしまい、たいていは家で作ることが多くなる。でも自分でじっくりと集中して焼き上げたチキンソテーは、ああ、なんたるご馳走……といつも感激するほどに美味しいものだなと思う。今日はそんな鶏肉の焼き方、チキンソテーのお話をしたい。

チキンソテーの醍醐味はなんといっても皮のパリッとした香ばしさ。なので鶏肉はもも肉を選ぶ。鶏肉のにおいが苦手、という方もいるが、きちんと掃除をすることで、鶏の臭みというのはある程度なくなる。鶏もも肉をまな板の上に広げ、肉からはみ出している脂肪を切り落とす。その後、肉の部分に何本か走っている筋、そして肉の中に隠れている脂肪を取り除く。苦手、という方が感じる**鶏肉の臭みというのは、この余分な脂の中にある**と言われているから、取り除くことによってすっきりとした味になる。ここは少し面倒でもしっかりと掃除しよう。

そして塩をせずにそのまま置いておく。ここからはじっくりと焼いていくだけになるが、肉を焼く前につけ合わせなどの心配をしておく。肉が焼き上がったあとは熱々で食べたい。なので、盛りつけるお皿、そして何をつけ合わせるかを考えておこう。レタスのサラダを別皿に添えて、チキンソテーはそのままでもいいし、きのこのソテーや、粉吹きいもなんかも鶏肉に合う。ポテトサラダもいいな。そんなことを考えて、つけ合わせを最初に準備してしまおう。きのこのソテーならマッシュルームとしいたけを十字に切って、オリーブオイルをフライパンに熱したらザーッときのこを加えて放っておく。ほとんど動かさずにしっかりと焼き目がついたらザザッとフライパンをゆすって少し返す感じ。さらに放っておく。最後に塩をふってざっくりと混ぜ、パセリのみじん切りかなんかを加えて炒め合わせよう。

ここで鶏肉を焼き始める。フライパンに多めのオリーブオイルとにんにくを入れてゆっくりと火を通す。香りが出たらにんにくは取り出す。にんにくはなしにしてもいい。鶏肉を皮目から入れる。塩はまだしていない。塩をした皮目をフライパンに入れると、塩をふった部分だけが最初に焦げつく。最後までその塩の部分はプチプチと焦げたムラになり、もちろん焦げた味になる。なので、**最初に塩をしない**。ジャーッと勢いのある音がして皮からは少しずつ脂も出てくる。**とにかくいじらない**。放っておいて見つめるだけ。これでいい。だんだんとまわりの色が白っぽく変わり、少し肉が縮んでくる。そうしたら、肉の表面に強めに塩、白こしょうをする。

ちょっと脇道にそれるが、こしょうというのは使いすぎると逆効果になる。よく使われるものだと、白、黒と2種類あるが、わたしの場合、**料理に使うこしょうはたいていが白。黒は素材によって使うものもあるが、それはアクセントとして使う**。ドレッシングにも、肉にもほとんど白を使う。白こしょうは優しく甘みのある香り、黒はスパイシーでアクセントになる香り。牛ステーキならば黒がいいし、もしくはこしょうはなくてもいい。なんでもかんでも塩、こしょうとセットで使う必要はなく、塩だけでも十分で、むしろそのほうがいい場合も多い。チキンソテーの場合も塩だけでもいいし、使うならぜひ白こしょう

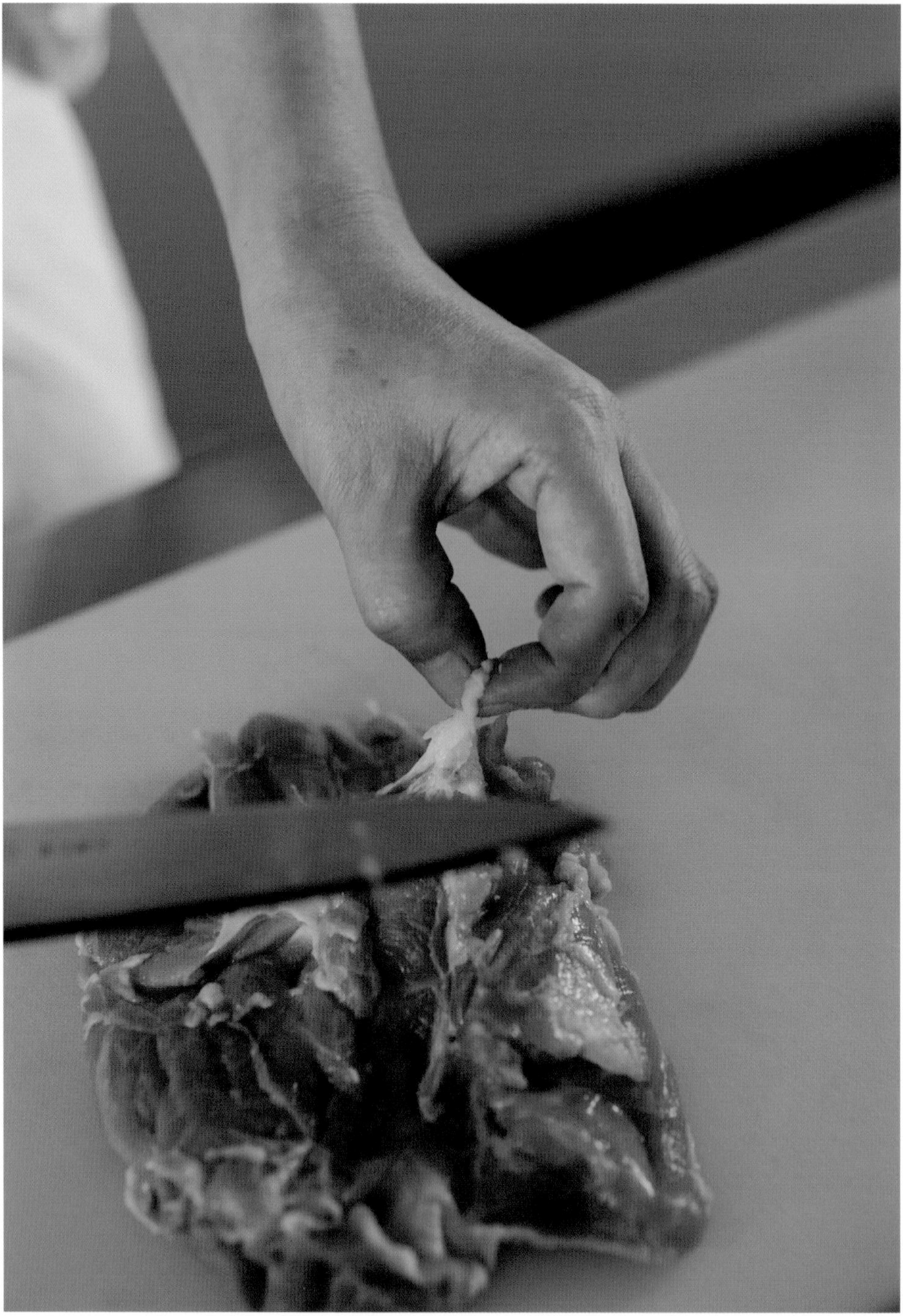

で。もちろんひき立てがいい。黒いこしょうは鶏肉には少し強すぎて、せっかくの優しい繊細な味わいが損なわれてしまうような気がするのだ。

さあ、フライパンに戻ろう。焼けてきた鶏肉の皮目を覗いてみる。こんがりとした焼き色がしっかりとついていたならば、今度はフライパンを傾けて、**鶏肉から出てきた脂と溜まったオリーブオイルをスプーンで肉の表面にかけていく**。何度も何度も何度もこれを繰り返していく。肉の表面はどんどん白く色が変わり、少しずつ火が通っていく。決して裏返さないこと、動かさないこと、これが大切だ。火は中火くらい。皮目が焦げつきすぎないような火加減で。何度もこれを繰り返していき、ふっと肉の表面を指で押してみる。肉の奥にフニャッとしたやわらかさを感じるようであればまだまだ。強く弾力を感じるようであれば火はほとんど通っている。鶏肉は火が通りにくいから、ここまでくるのにある程度時間がかかる。

さあ、そろそろいいかなというくらいになったら、盛りつける皿を温めておこう。オーブンにさっと入れてもいいし、熱いお湯につけてもいい。ここまでしっかりと集中して肉を焼いてきたのだから、**冷たい皿に盛りつけるなんてことをしてしまったら台無しだ**。温めた皿にはさっきのきのこソテー、マヨネーズで和えたポテトサラダを盛りつけておく。カリッとした皮目はもうここまでが限界！というギリギリの焼き色。それがいい。

最後にさっと裏返し、肉の表面を10秒ほど焼いたら完成だ。ナイフを入れたらサクッと音を立てるくらいのパリパリの皮。なんて美味しそうなんでしょう。皿に盛りつけ、レモンのくし切りなどを添えて完成となる。

もうひとつ、ソースを作る場合。焼き上げた鶏肉を一度取り出し、まな板の上などに載せて温かいところに置いておく。フライパンに油がたっぷり残っていたらすべてボウルなどに取り出す。そこに白ワインを加えてジャーッと煮立たせ、フライパンの表面を木べらでこそげるようにする。アルコールが飛んだところに、ブイヨンまたは水、醤油、塩、砂糖、そして最後に小さく切ったバターを加えてフライパンをゆする。ぐつぐつと煮立たせながらゆすっていくととろみが出てくる。味を調えたら、さあ、鶏肉を盛りつけてこのソースをかけよう。カリカリの皮をとにかく楽しみたいならソースなし。ごはんにもぴったりなチキンソテーにするならソースありがおすすめだ。ソースをかけたって十分カリカリは楽しめる。ただし、すぐに食べることが肝心だ。

チキンソテーを食べる時、一番好きな瞬間は最初のナイフを入れるところ。皮を切るとサクッと音がして、肉の繊維も余分な水分が抜けていてコンフィのごとくほろりとしている。熱々で口の中がびっくりするくらいの温度がいい。こんな風にチキンソテーを作ると、ステーキにも負けないすばらしいご馳走だな、といつも思う。

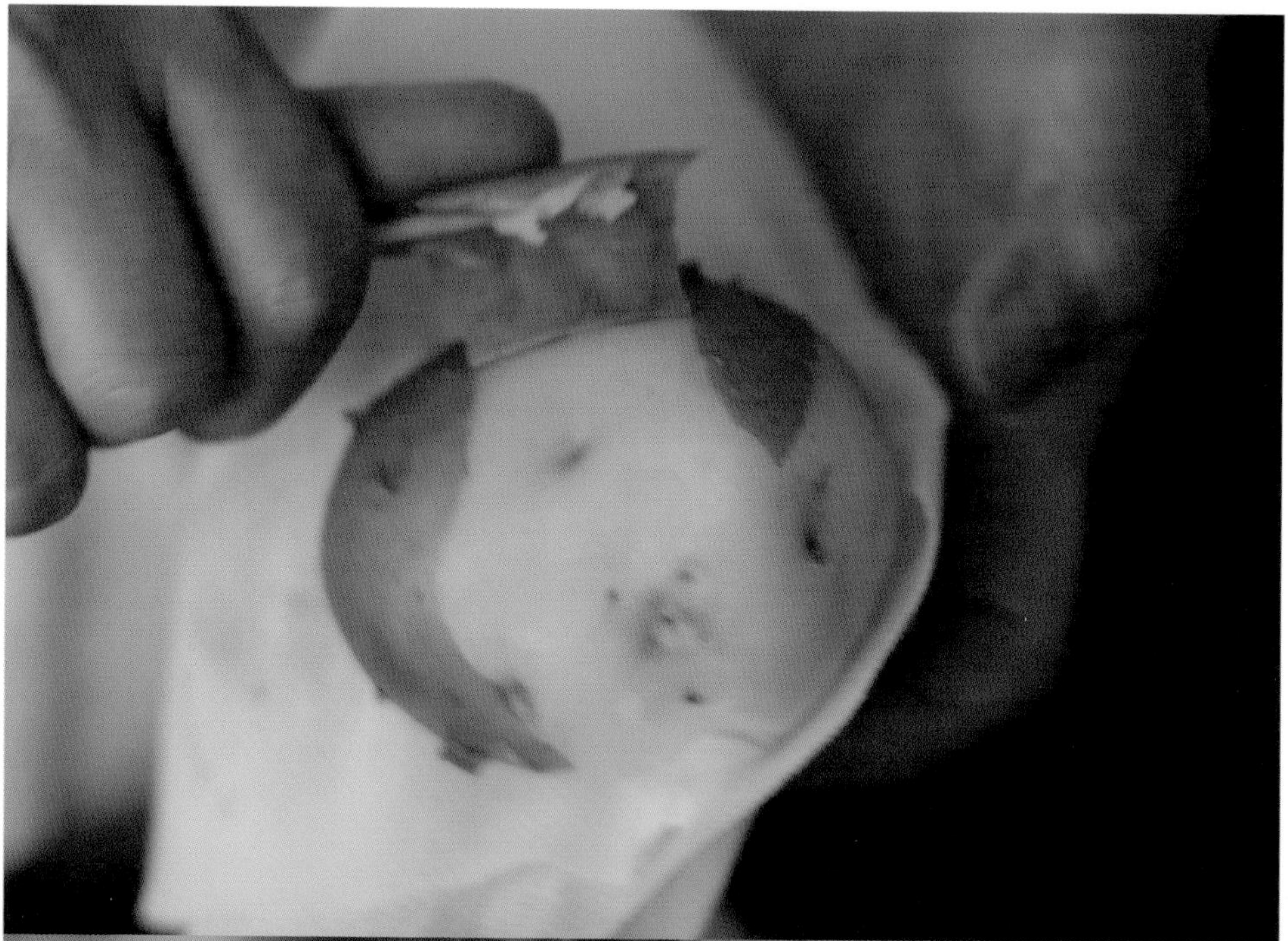
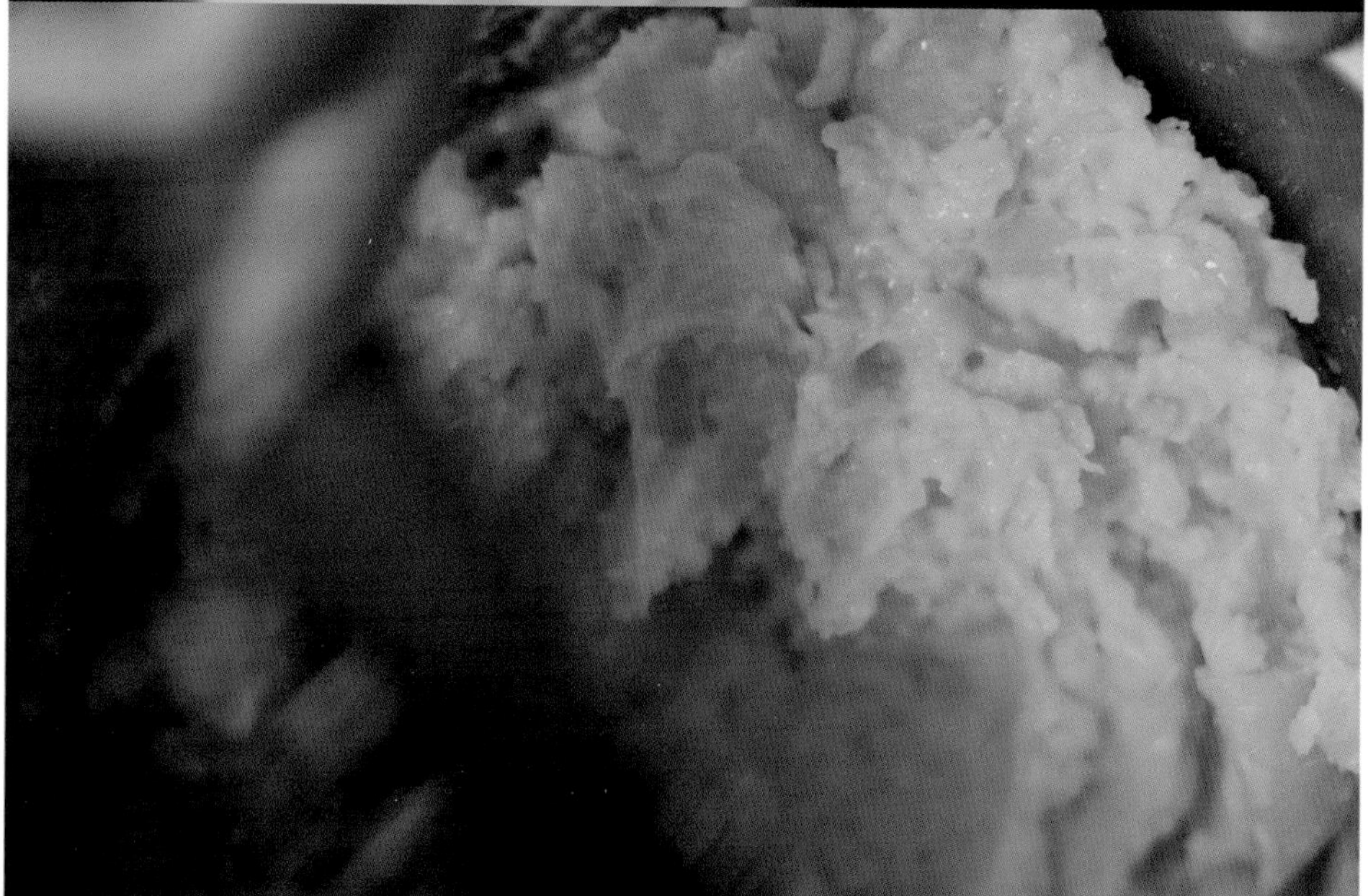

チキンソテーの作り方（2人分）

鶏もも肉…2枚
にんにく…1片
塩、白こしょう…各適量
くし形のレモン…1片
オリーブオイル…大さじ2

◆ソース
白ワイン…¼カップ
ブイヨンまたは水…½カップ
塩、醤油…各小さじ½
砂糖…少々
バター…大さじ2以上

❶鶏もも肉をまな板の上に広げ、肉からはみ出した皮を包丁で切って除く。筋や脂肪も取り除き、肉の厚いところは開く。
❷フライパンにオリーブオイルとつぶしたにんにくを入れ、弱火で熱す。にんにくはこんがりと色づき、香りが出てきたら取り出す。
❸中火にし、①の肉を皮目を下にして入れ、動かさずにゆっくり焼く。肉が縮んでまわりが焼けたら、塩、白こしょうをしっかりめにふる。
❹皮目がこんがりと色づいたら、フライパンを傾け、溜まった油を肉にかけ続ける。
❺約10分ほどかけて、皮目がパリッとなるまで焼き、ほぼ火が入ったら裏返す。10秒ほど焼き、皿に取り出す。
❻ソースを作る。鶏肉を焼いたフライパンに油がたくさん残っていたらそれを除き、火にかける。白ワインを加えて、フライパンの底をこそげながら半量になるまで煮詰める。ブイヨン（または水）、塩、醤油、砂糖を加えてさらに煮詰め、バターを少しずつ加えながらとろみをつける。
❼温めた皿につけ合わせとチキンソテーを盛りつ

け、ソースをかけ、レモンを添える。

◎フライパンの油をかけながら火を入れるのをアロゼという。油がはねてガス台が汚れるので、こまめにふき取りながら焼こう。温度が安定し、パリッと仕上がるので鉄のフライパンを使ってほしい。

おまけレシピ

ポテトサラダの作り方（作りやすい分量）

玉ねぎ…½個
じゃがいも…4個
米酢…小さじ½
塩、白こしょう、マヨネーズ…各適量

❶玉ねぎは細かいみじん切りにし、塩をして水分を出したあと、きれいな水にさらし、ペーパーなどに取ってしっかり絞っておく。

❷じゃがいもはよく洗って、丸ごとゆで、熱いうちに皮をむき、ボウルに取る。

❸熱いうちに、米酢、塩、白こしょうを加え、すりこぎなどで軽くつぶす。

❹しっかり冷まし、食べる直前にマヨネーズで和え、全体をまとめる。

◎マヨネーズは自家製がおすすめ（P159参照）。

ゆるめのベシャメルソースと旨みを含んだマカロニで

マカロニグラタン

母の得意料理。それはなんといってもマカロニグラタンだと思う。父の好物のひとつであり、幼少時代から何度となく食卓に上がってきた。なにか特別な具材が入るというわけでもなく至って普通のグラタンだが、とても美味しい。ひとつだけ特徴を言うならば、とにかくふきこぼれている、ということだ。グラタンにおいてのこの「ふきこぼれ」は、わたしにとっては非常に大事な要素で、とにかく「ふきこぼれ」なしにはグラタンとは認めない。いや、強制はしないが、ぜひともふきこぼれたグラタンをおすすめしている。なぜか。ふきこぼれるためのグラタンはソースが少しゆるめであることが必須だ。ふきこぼれて器のふちについたソースやチーズがなんとも香ばしくて美味しい。とろりとやわらかいソースはマカロニによく絡んでその食感がいい。そして、なんと言っても、グツグツグツグツとオーブンの中でふきこぼれているグラタンを手早く受け皿に乗せ、小走りにテーブ

ルに持っていってごらんなさい。それを待っている人たちの表情は最高潮に輝き出す。この表情を見るためにも、**ふきこぼれていることはとても大事な要素**となる。

具材はその日の気分で多少アレンジをするけれど、基本はチキンマカロニグラタンと決めている。玉ねぎ、マッシュルーム、マカロニ、ゆで卵、そして鶏肉だ。鶏肉はもも肉とむね肉を2種類使う。もも肉は口当たりがやわらかく旨みが強いが、むね肉は淡白な味わいながら力強い肉質でいい噛みごたえがある。玉ねぎは薄切り、マッシュルームは少しだけ厚めのスライスにする。ゆで卵が入るのは母ゆずり。母はゆで卵をフォークでザクザクとつぶしていたので、わたしも同じように粗く、手でつぶして加える。大きいままの白身がホコホコとした口当たりになってとても楽しい。

さて、もはや日本の料理とも言えるマカロニグラタンは、なんと言ってもベシャメルソースだ。ここがみなさんの難関ポイントであろう。確かにこのソースにはいくつかの押さえたいポイントがある。ただ、主要な材料はバターと小麦粉と牛乳という極めてシンプルなソース。怖がってはいけない。美味しいグラタンへの道の最初の入り口ではないか。さあ、堂々と進んで行こう。

美味しいベシャメルソースのために、まずは最初に**牛乳に香りをつける**。少量のブイヨンを加えた牛乳にローリエとメース（ナツメグの表皮）を入れて火にかけ、沸騰直前まで温まったら火を止めて、ふたをして1時間ほど蒸らす。こうすると、そこはかとなく上品にローリエとメースが香るソースになる。さらにブイヨンがソースに軽やかさと旨みを持たせる。以前は、仕上がって濃度のついたソースにナツメグをふっていた。ナツメグの香りが強くピンと立ち、ソースにはナツメグのつぶつぶが広がる。それでももちろん構わないのだが、ある時、イギリス貴族のドラマ「ダウントン・アビー」を見ていて、本当に一瞬、料理長のパットモアさんがこう言うのを私は聞き逃さなかった。「ソースの牛乳にはローリエとメースで香りをつけておいて」。それ以来、わたしはパットモア方式で牛乳に香りをつける。これはもう本当にすばらしい方法なのだ。

さあ、牛乳に香りをつけている間に具材を炒めていく。フライパンか鍋にサラダ油を熱し、軽く塩をしながら玉ねぎを炒める。この時、決して色づかせないことが大切だ。玉ねぎの水分が出てきてしっとりと白く炒める。**火を強くしすぎないこと**。玉ねぎがしっとりと炒まったら、ざるを重ねたボウルに一度玉ねぎを取る。この後マッシュルームと鶏肉を炒めていくが、1種類ずつ炒めたいのだ。1種類ずつ鍋肌に当てながら炒めることでしっかりと旨みが出る。えー面倒くさい……と思われるかもしれないが、一度でもいいからこの方法をお試しいただき、こうする意味をご理解いただきたい。玉ねぎを移したらさっとフライパンを洗って新しい油を熱する。今度はマッシュルームを炒める。少々強火で炒め

ていくといい香りがしてくる。キュルキュルとマッシュルームに火が通ってくる音がしだしたら、軽く塩、レモン汁をふる。水気が出てくるが、マッシュルームに火が通ったらこの汁気ごと玉ねぎの上に重ねよう。

お次は鶏肉だ。鶏肉はひと口大程度に切っておく。マッシュルームを炒めたフライパンに油を足し、鶏肉を加えて、色が変わってしっかりと弾力が出るまで炒める。鶏肉にもここで下味をつける。塩を軽くして白ワインを加え、強火にしてアルコールを飛ばした後、レモン汁をふる。炒めながら具材に下味をつけていくのはとても重要なポイントだ。マッシュルームを炒めたフライパンを洗わないのは、この時の汁気にマッシュルームの旨みも一緒にしたいから。ここまできたら先に炒めた具材の上にざっとあげる。炒める具材はこれにておしまい。ざるに取った具材と、下に重ねたボウルには炒めた時に出た具材のだし汁が残っているはず。これも大事にとっておく。

ソースに挑む前にやっておいてほしいことがもうひとつ。マカロニ。これはあらかじめ塩を入れた湯で表示通りに**ゆでたあと、ブイヨンに浸しておく**。鶏のガラと野菜でとる「ブイヨン」は、時々とっては保存しておくとすべての料理に使えると言っていいくらいの便利もの。時間は多少かかるが作り方は至って簡単で、格段に美味しさに差が出てくるので習慣的に作ることをおすすめしたい。ここで大切なのはマカロニにもしっかりと旨みという下味をつける、ということ。こうするとグラタンに入っているマカロニを食べた時、なんだかマカロニひとりだけシラッとした単独感のある味わいにはならない。ソースにしっかりとなじみ、マカロニに主役級の存在感が生まれる。そしてベシャメルソースの水分を吸いすぎない。つまりソースがかたくならない、という利点にもつながる。

さて、そろそろ牛乳に香りが移っているころだから、いよいよソースを作っていこう。牛乳は一度ざるでこしてローリエとメースを取り除いておく。まずは厚手の鍋に分量のバターを溶かす。無塩のバターを使うと味の調整がしやすい。バターの塊がなくなったら、ふるっておいた小麦粉を加える。小麦粉を丁寧に炒めていこう。まずは焦がさないように炒めること。でも弱火にしないこと。ここではどこまで炒めるか、がポイントになる。中火で木べらを使って混ぜながら小麦粉を炒めていくと、ある時から少し木べらが重く感じられるが、その後も炒め続けると、今度はふっと濃度がゆるくなってきて木べらが軽くなる。目安はここまで。木べらでルウを持ち上げると、サラサラッと流れ落ちる。この状態まで炒めることで粉は完全に火が通る。牛乳をおたま2杯くらい加えて手早くなじませる。最初はシュー生地のような状態になるが、それを牛乳で少しずつのばしていく感じ。そしてここでも大事なのは弱火にしないこと。牛乳を加える時は火からおろしても構わないが、**混ぜる時は強めの中火くらいの火加減**を心がける。火を弱めてゆっくりねり混ぜていくの

ではグルテンが出てソースはなんだか粘っこくなってしまう。牛乳を鍋に加える時はジャーッと大きな音を立てるくらいの温度だ。気持ちが焦るかもしれないが大丈夫。牛乳で小さな池のようになった鍋をゆっくりと木べらでなじませ、液体がなくなるくらいなじんだところで、一気にグルグルグルグルッと混ぜてなめらかにしていく。この繰り返しになる。このグルグルグルグルッだけは手早く力いっぱいなめらかになるまで混ぜる必要があるが、あとは落ち着いていて構わない。ベシャメルソースってダマになりそう……などという気弱な気持ちをいっさい持たず、自信を持って挑もう。わたしは必ずあなたをなめらかなソースに仕上げることができる。絶対に、という気持ち。そう、料理って強気が肝心。わたしはいつもそう思っている。

さて、全部の牛乳が入ったら、ほら、なめらかなソースに仕上がっているでしょう。でもここで終わりではない。グラタンはふきこぼれるのが大事と記したが、マカロニを加えるとソースの水分を吸ってソースはかたくなる。ではどうするか。ここでまたブイヨン、そして炒めた時に出た具材のだし汁をソースに加える。少しゆるいかなあと思うくらいでいい。そして塩、白こしょうで味を調える。先に炒めた具材を加え、ゆで卵を加え、最後の最後でブイヨンに浸しておいたマカロニを加える。ざっくりと混ぜる。

さあ、いよいよラストスパートだ。グラタン皿にたっぷりと盛りつけよう。ふきこぼれるグラタンのためには器も最大の重要ポイントだ。**浅めであること。直角ではなく、底から口までは少し広がった形であること**。これが大事。わたしは実家で使っていた昭和感あふれる舟形の浅いグラタン皿を愛用しているが、浅めのココット型などでもいいと思う。「グラタン皿は浅めに限る！」グラタンを焼くならこれを口ずさんでほしい。仕上げはおろしたグリュイエールチーズとパルメザンチーズ。これは好みのチーズでも構わない。実家では容器に入った粉チーズだった。これはこれで非常に憎めない。チーズの上にカリッと仕上げるためのパン粉をかけて、美味しい焼き色のためのバターをところどころに乗せる。２００℃のオーブンに入れよう。待ち時間はおよそ15〜20分。時々オーブンを覗いてグツグツと溢れてくる様とこんがりと色づく様子を見守っているだけ。

もしもあなたがここまで頑張ってグラタンと向き合ってくださったなら、ここから先はもう何も言うことはない。焼き上がりを待つ人たちは静かにテーブルについて、時折舌を冷やしてくれる白ワインなどを用意していればいいだろう。

チン！とタイマーが鳴ったあとのすべてのことがわたしには想像できる。こんがりと焼ける匂いがキッチンには漂い、これをトン！とテーブルに出した時のそこにいるみんなの表情までがはっきりとわかる。そこに溢れる幸せな美味しい時間を、わたしは必ずお約束します。

マカロニグラタンの作り方（4人分）

◆ベシャメルソース
牛乳…900㎖
ブイヨン…100㎖
バター…100g
小麦粉（薄力粉、ふるっておく）…100g
ローリエ…2〜3枚
メース…2〜3枚（なければ仕上げにナツメグ少々をふる）
塩…小さじ⅔〜1
白こしょう…適量

マカロニ…100g
ブイヨン…適量
鶏もも肉、鶏むね肉…合わせて180g
玉ねぎ…½個
マッシュルーム…7〜8個
固ゆで卵…3個
塩…適量
白ワイン…大さじ2
レモン汁…少々
白こしょう…適量
グリュイエールチーズ…70g
パルメジャーノチーズ…30g
パン粉、バター…各適量
サラダ油…適量

❶**牛乳の準備**　鍋に牛乳とブイヨン、ローリエとメースを入れ、沸騰直前まで温める。ふたをしたまま1時間ほど置いて香りを移し、こす。

❷**マカロニの準備**　マカロニは塩（分量外）を加えた湯で表示通りにゆで、水気を切り、ブイヨンに浸しておく。

❸**具材を作る**　玉ねぎ、マッシュルームは5〜6

㎜の薄切りに、鶏肉はひと口大に切る。固ゆで卵はフォークの背や手などでざっくりとほぐす。

❹フライパンにサラダ油を熱し、玉ねぎを炒める。透明になるまで炒めたら、ボウルにセットしたざるに取る。

❺フライパンを軽く洗い、新しい油を熱し、マッシュルームを強めの中火で炒める。香りが出てキュルキュルと音をたてたら、塩、レモン汁を加え、火が通ったら汁ごと④のざるに取る。

❻⑤のフライパンを洗わずにそのまま強めの中火で鶏肉を炒め、塩、白ワインで味をつけ強火で煮詰める。レモン汁を加え、同じく④のざるに取る。

❼**ベシャメルソースを作る**　別鍋にバターを熱し、小麦粉を加えてよく炒める。木べらで持ち上げるとサラサラとしたゆるさになればよい。

❽①の牛乳を少しずつ加えて混ぜる。少し加えて混ぜ……を繰り返す。すべての牛乳を加えたら、塩、白こしょうで味を調える。

❾**グラタンに仕上げる**　⑧に④のざるに取った具材と③の固ゆで卵を加えて混ぜ、具材を炒めたあとに出た水分（④のボウルの中身）を加えていき味と濃度を調える。最後に②のマカロニを加え、全体をざっと混ぜる。

❿グラタン皿に⑨を盛り、グリュイエールチーズとパルメジャーノチーズ、パン粉をかけ、ちぎったバターをところどころに置き、200℃のオーブンで、15～20分こんがりと色づくまで焼き上げる。

◎ブイヨンのとり方

鶏ガラ2～3羽分をよく洗い、水気を切ったあと、水6ℓとともに鍋に入れ、強火にかける。沸騰したらアクを取り除き、玉ねぎ、にんじん、セロリ、パセリの軸などの野菜を加え、弱火で2時間ほど煮る。ペーパーを敷いたざるでこす。

かけるべき手間を
ちゃんとかける
ビーフカレー

今日はカレーにしよう。となった時、あなたはどんなカレーを思い浮かべるだろう。カレーというのは誰もが知っている誰もが好きな料理なのに、それこそ100人いれば100通りの作り方やレシピがある。みなそれぞれに我が家の定番なるカレーレシピを持っていることと思うし、お気に入りのカレー屋さんや思い出のカレーもたくさんあるはずだ。

わたしはどうせカレーを作るならば、マラソンランナー的な気持ちで挑みたくなる。といっても作り方がそう難しいわけではない。だけどこのカレーには、まさに「美味しさを作り出すために料理をする」といったポイントがいくつもある。

今日はわたしのカレーのスタンダード、ビーフカレーの話をさせてほしい。カレーにはいくつかの柱があって、それが合体して美味しさを作ると思っている。その柱とは、わたしの場合、「ルウ」「油脂」「だし汁」「具材」「スパイス」「仕上げ」となる。この「ルウ」から丁寧に作ってみよう。

まず一番大事なのは玉ねぎ。これを飴色になるまで炒めたキャラメル玉ねぎが味のベースとなる。ここはどうしてもある程度時間がかかるが、ここだけはどうしてもがんばるしかない。これで味が決まる、といっても過言ではないからだ。たっぷりのしょうが、にんにくをみじん切りにし、玉ねぎは薄切りにする。この玉ねぎの薄切りも、**なるべく薄く薄**

く切ることで早く火が通り、飴色になる道を早める。

炒めるには油脂が必要になるが、この油脂も意外と重要なポイント。私は**ラードを使用する。**ラードというのは豚肉の脂を精製したもの。独特の旨みのある風味があり、温度変化が少ない動物性の油なのでわたしは料理に多用している。ラードの話は「フライドポテト」のところですることにして、まずは堂々とした気持ちで少々たっぷりめのこのラードを鍋に溶かす。ラードが熱で溶けていくとそれだけで美味しそうな香りがしてくる。ワクワクした気持ちで炒めていこう。まずしょうがとにんにくを炒める。ラードがたっぷりなのでこの時、まるで揚げるような感じでしょうがとにんにくが鍋でわあわあ言い出す。これが大事。香りが立ち、少しずつ色づいてくる。油の中でゆっくりと火が通ってくる感じだ。これでラードはしょうがとにんにくの香りを十分に抱き込んだ油になる。

ここで玉ねぎを加えよう。たっぷりの玉ねぎがこの香り油の中で少しずつ水分を出していく。最初は丁寧に混ぜながら炒めていく。少しずつしんなりとして玉ねぎの表情が白くくったりした状態になる。この時の火加減は強めの中火。玉ねぎの水分をどんどん蒸発させていこう。玉ねぎというのは加熱方法でいかようにも変わる食材。弱火でじっくり水分を保ちながら白く炒めれば甘くて優しい味を作り、こうして強めの火で水分を飛ばしながら炒めれば、キャラメルのような風味を作る。スパイスを効かせて強い輪郭を持たせたカ

レーには、このキャラメル玉ねぎは重要な柱になる。しんなりとしてきたら鍋全体に玉ねぎを広げるようにする。そして鍋の真ん中を少し空けるようにしよう。なぜならこの真ん中の空間に水分が溜まるとそれが蒸発しやすくなるため。少しの間、鍋を覗いていると、すぐにこの空間に玉ねぎの水分が溜まってくるのがわかる。この時はずっと炒め続けていなくても大丈夫。側で鍋中を見守って、音に耳を澄ませる。ジリジリと鍋肌に玉ねぎがくっつくような音になってきたら、グルグルッと鍋肌の玉ねぎを大きく混ぜるように炒める。数分炒めたらまた鍋全体に広げて真ん中に空間を作る。耳を澄ませる。そしてグルグルッと炒める。これを繰り返すことになる。「飴色の玉ねぎを作ります」と言うと、たいていの方々は少しげんなりした顔になるだろう。時間がかかるし、面倒くさい。でもこういう**料理には時間をかけただけの価値が必ずあり、時間をかけないとたどり着けない味というのがある**。それも数ある「美味しいの作り方」の大切なひとつだ。

さて、しばらくすると鍋肌にくっついた玉ねぎには少し色がついてうっすらと焦げつき、グルグルッと混ぜることで全体が薄く茶色に色づいてくる。ここまで来たらあとひとふんばり。水分はだいぶ蒸発してきているので、空間を作らずに鍋に広げて炒めるを繰り返そう。しっとりぺったりとしてくると、鍋の側面も焦げついてくる。この焦げつきこそ美味しいキャラメル状態なので、ここからは焦げついてくるたびに少しの水(大さじ2〜3)を加えながら、玉ねぎでキュッキュッとお掃除するように側面の焦げつきを落としながら混ぜ合わせていく。だんだんと玉ねぎの色は濃い茶色に近づいていき、なんともいえない甘くていい香りが台所に広がってくる。しっかりと濃い茶色になったなら、このカレーはほぼ完成したと言っても過言ではない。それくらい、このオニオンキャラメリゼというのは、料理を美味しくしてくれる神様みたいなものなのだ。

キャラメル玉ねぎが完成したら、ここでスパイスを加えよう。カレーにどんなスパイスを加えるか。これもまた複雑な問題だけど、難しく考える必要はないとわたしは思っている。このカレーは先に述べたようにキャラメル玉ねぎでほぼ美味しさは約束される。ご家庭にあるカレー粉だけでも十分に美味しいし、ターメリック、カルダモン、クミン、シナモン……少しずつ残っている行き場のないスパイスがおうちにあれば、加えてみてもいい。スパイスを加える時は、「炒める」という気持ちで。玉ねぎは最初の量が嘘のようにぺったりと少なくなっているから、鍋肌も見えているし、油もそこににじんできているはず。**その油をめがけてスパイスを加える**。熱い油に加えるとスパイスたちは一気に喜び勇んで踊り出し、華やかな香りを歌い出す。この時、いつもわたしは、今晩はもうカレー以外考えられない気持ちになるし、きっとお隣も、そしてこの香りをかいだ道ゆく人々も、今晩はカレーにしようと強く決意するのではないだろうか。カレーを作る時の一番の喜びと

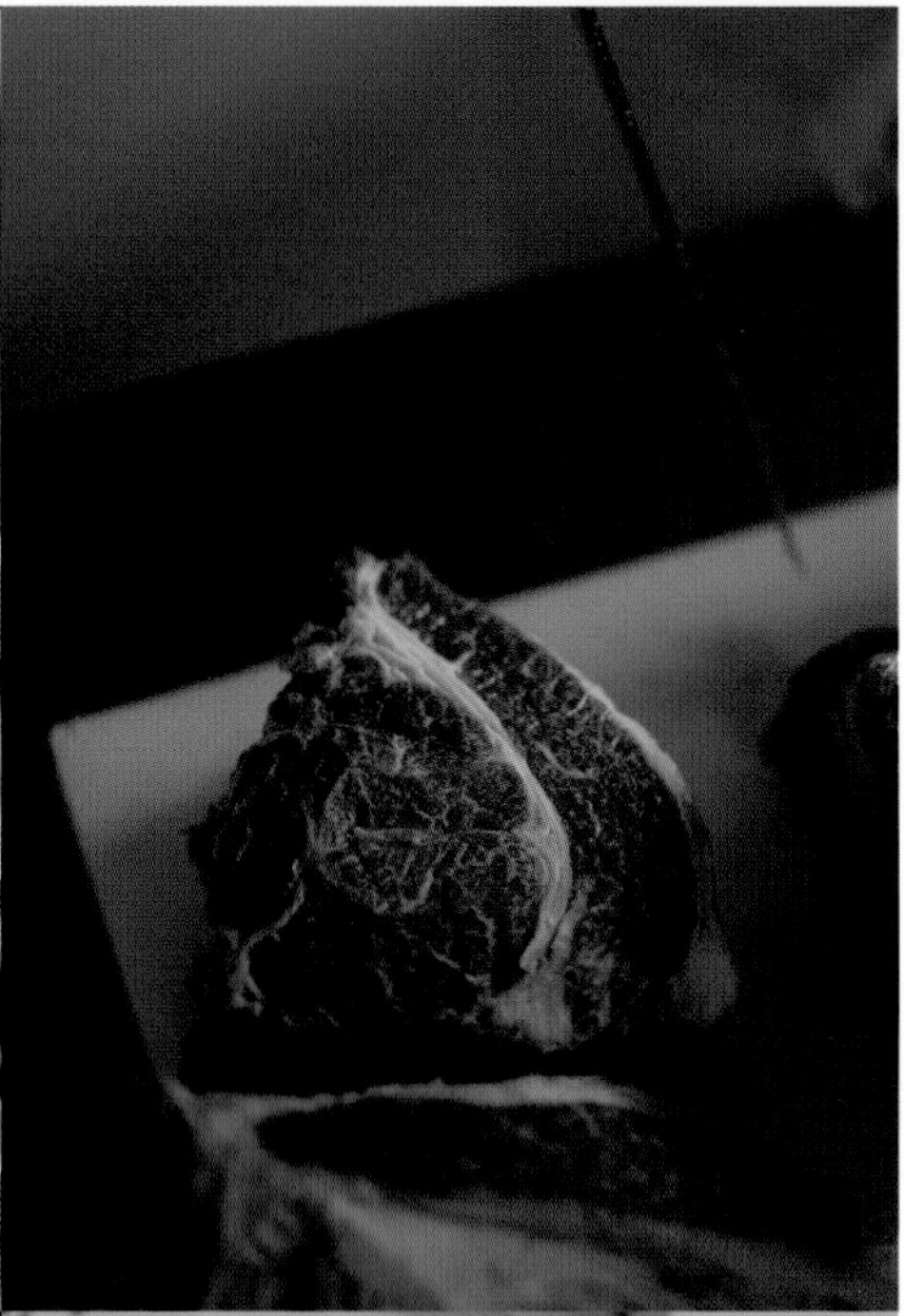

言ってもいい。このスパイスの香りというのは本当に魅惑的だ。スパイスが炒まったら、ここで小麦粉を加える。ふるっておいた小麦粉を全体にしっとりするまでしっかりと炒める。小麦粉はカレーに香ばしい香りをつける、まろやかさを作る、そしてとろみをもたせる、という役割がある。さあ、これにてルウは完成！　パチパチパチパチ！

ここに湯むきをしてざく切りにしたトマト、すりおろしたにんじん、そしてりんごを加え、牛のだし汁を少しずつ加えていく。この時、ルウが冷めすぎていたり、だし汁が冷たいとのばしにくいので、だし汁はあらかじめ温かくしておくといい。ん？　だし汁？　そう、このだし汁とは何か。これはあらかじめやっておいてほしいことなので順番が少し逆になるが、ここでこのだし汁についてお話ししよう。

私はビーフカレーを作る時に、あらかじめ、すね肉をやわらかくゆでておく。やわらかくなったすね肉は素材としてあとで加え、そしてそのゆで汁（だし汁）を煮汁とする。ルウができたところで水を加え、お肉を加えて煮ればいいのでは、と思うかもしれない。でもそうすると小麦粉が加わったとろみのある煮汁の中では、浸透圧の関係でどうしてもなかなか肉がやわらかくならない。そこであらかじめ先に、ほろほろとやわらかくなった肉と旨みたっぷりのだし汁を作っておくわけ。これは**圧力鍋を使うと驚くほど簡単で速い**。こういうところは時間を端折る。いつか圧力鍋の話もどこかでしたいけど、圧力鍋というのは「料理を仕込む」のにはこの上なく優秀なのだ。もしお鍋でゆでる場合はゆっくりと1時間半ほどかけてやわらかくしていく。途中お肉が顔を出すくらいに煮詰まったら、その都度、少しずつ水を足そう。ゆでる時にローリエやセロリの葉や玉ねぎの切れはしなどを加えれば、うっすらと香味がついただし汁に。なければ入れなくてもまったく構わない。ビーフカレーの場合、すね肉が一番旨みのあるだし汁になるし、お肉もホロホロッとやわらかくておすすめだけど、バラ肉などでもいいと思う。このあたりはお好みで。

だし汁で少しずつルウをのばしながら加えたら、あとは時々アクをすくいながら、ふたをして弱火で20分ほど煮る。20分？　20分でいいの？と思われたあなた。そう、いいんです。20分だけにんじんやりんごとルウ、だし汁が仲良くなるまで煮てあげる。そして20分たったら肉を加える。もうここでやわらかくなっているお肉だから、あとはこれがなじめばいいだけ。肉を加えてさらに10分ほど煮る。

できたできた!!と手を叩きたくなるけれど、あともうひとつだけ。フライパンにバターを熱し、マッシュルームを炒めて加える。**マッシュルームは炒めることですばらしい旨みが出る。カレーにさらに素敵な風味をプラスできる。**この時、軽く塩をふり、水分を少し飛ばしながら強火で炒めるといい。ザザーッとカレーの鍋に加えよう。

そのフライパンを洗わずにコンロに戻し、驚くなかれ、ここにグラニュー糖を入れて火にかける。ええー？　なんですって？と思われること間違いなしだが、どうしてもどうしてもやってほしい最後のポイント。**カラメルがカレーをまるでひと晩寝かせたような奥深い味わいに仕上げてくれる**。だってだって、完成したらすぐに食べたいでしょう。それにはこの工程、絶対的に必要だ。ここは完成までの最終滑走！　どうか堪えてほしい。グラニュー糖が濃い茶色に色づいたら、それを一気に鍋に加える。その時にジャジャーッ!!とものすごい音が出るけれど、それはもうフィナーレをお知らせするラッパ音のようなもの。やったやったー！とゴールのテープを切ったような気持ちで鍋に加えてほしい。もしも、もうひとつだけ言わせていただけるなら、このカラメルを加える前にガラムマサラを鍋の表面にふりかけておくとさらによい。カラメルの温度でふわ～っと香りが立つ。カラメルをかけたらすぐにふたをして10分間蒸らす。これでカレーに香りが行きわたる。

かためにごはんを炊いて、お皿に盛りつけたら、さあ、カレーをたっぷりとかけて召し上がれ。汗をかきながらゴールテープを切ったあなたに、きっとこのカレーは最高の賛辞をくれるはず。そうやって美味しさをきちんと作り出しながらたどり着いたこのカレー、いつかあなたのうちの定番になってくれたらとても嬉しい。

ビーフカレーの作り方（作りやすい分量、6〜7人分ほど）

牛すね肉（塊）…1〜1.5kg
水…2.5〜3ℓ

◆カレールウ
ラード…80g
玉ねぎ（薄切り）…3個
しょうが（みじん切り）…大1片
にんにく（みじん切り）…2片
小麦粉（ふるっておく）…30g
カレー粉…大さじ4

塩…小さじ2〜大さじ1
トマト（皮をむきざく切り）…大1個
にんじん（すりおろす）…1本
りんご（すりおろす）…½個
マッシュルーム（5㎜厚さの薄切り）…10〜12個
バター…大さじ1
グラニュー糖…40g
水…少々
牛のゆで汁（だし汁）…1〜1.2ℓ
ガラムマサラ…小さじ2

❶牛すね肉をゆでる。圧力鍋に牛すね肉と分量の水を入れ、火にかける。圧力がかかったら弱火にして20分加圧し火を止める。鍋の場合、分量の水に肉を入れ沸騰したら、アクを取り除きながら弱火で1時間半ほど煮る。途中水が少なくなったら足す。

❷カレールウを作る。鍋にラードを溶かし、しょうがとにんにくを揚げるように炒める。

❸香りが出たら玉ねぎを加え、濃い飴色になるまで強めの中火で20分ほど炒める。焦げついたら、

大さじ2～3（分量外）の水を加えてこそげるようにしながら炒め続ける。
❹鍋肌ににじんでいる油をめがけ、カレー粉を加え、香りが立つまで炒め続ける。
❺カレー粉に十分火が通ったら、小麦粉を加え、全体がなじむまでさらに炒める。
❻①の牛のゆで汁（だし汁）4カップを加え、少しずつのばす。さらにトマト、にんじん、りんごを加え、アクを除きながら、ふたをして20分ほど煮る。
❼①の肉を大きめなひと口大にほぐしながら、鍋に加え、10分ほど煮込む。
❽フライパンにバターを熱し、マッシュルームを炒める。軽く塩をふり、⑦の鍋に入れる。
❾ガラムマサラを⑦の鍋の表面にふり入れる。このとき混ぜないこと。
❿⑧のフライパンを洗わずに、グラニュー糖と水を入れ、火にかける。砂糖が焦げ始めてカラメル色になったら、⑦の鍋に入れる。すぐにふたをして10分蒸らす。

◎カレー粉のほかにターメリック、カルダモン、クミン、シナモンなど好みのスパイスを加えても。このカレーにはS＆Bカレー赤缶を愛用しています。

焼き目をつけてからコトコト煮込む

ロールキャベツ

この料理は不思議な料理だ。とてもなじみのある料理だけれど、外国料理なのか日本特有のものなのか。正解はどこにあるのか。その実態はどこかふんわりとしている。「我が家のロールキャベツ」と言われても、その時お互いに頭に浮かべているロールキャベツはもしかするとまったく違うものなのではないかと思う。

わたしがここ数年作り続けているロールキャベツは、様々な体験を繰り返してたどり着いた味だ。今日は「我が家のロールキャベツ」のお話を。

丸ごと1個、大きなキャベツがあったなら、1個すべてゆでてしまおう。春のふんわりとしたやわらかいキャベツでも、冬のしっかりと巻き込まれた甘いキャベツでも。まずは芯を深くくりぬいて、ドボンと大きな寸胴鍋でゆでる。そのうちひらりひらりと外側からキャベツの葉がはがれてくるので、それを1枚ずつ引き上げて、ひっくり返したざるなど

に重ねていく。軸の部分はそぐようにして薄くする。これでキャベツの下ごしらえは完成だ。

今度はファルス（中に詰めるもの）の準備となる。これをハンバーグの種とほとんど同じに作る方が多いと思うのだが、似て非なるのがこのロールキャベツのファルス。ロールキャベツの場合は煮込んで仕上げる。この肉の旨みなどをキャベツにしみ込ませ、そしてスープにも旨みが出るように作らなければならない。そこでおすすめなのが**3種類のひき肉を使う、ということだ。牛肉、豚肉、鶏肉の3種類**。合いびき肉を使用するなら、鶏ひき肉だけをプラスする。こうすると、牛肉の旨みがスープに深みを出す、豚肉の適度な脂身が肉種に旨みを持たせる、鶏肉を加えるとなんといっても煮込んだ時に美味しいだし汁が出る。ぜひ3種類の肉を使ってみてほしい。

他には、玉ねぎ、甘みと香味のにんじん、そして大切なのがマッシュルームだ。**ひき肉料理に必ずわたしが加えるのがこのマッシュルーム。細かく刻んでしっとりじっくり炒めたものを使う**。これはデュクセルといって、伝統的なフランス料理の調味料的なもの。そのままソースにしたり、タルトにしたり、またはこうして詰め物に合わせたりして使う。旨みの詰まったきのこをさらに煮詰めたものだから、これを加えるとぐっと美味しくなっちゃうのは言うまでもない。わたしは、ハンバーグにもメンチカツにもそしてロールキャベツにもこのデュクセルを使うことにしている。玉ねぎ、にんじん、マッシュルームはそ

3月の新刊 ●7日発売

ちくま新書

1780
倫理学原論
専修大学名誉教授
船木亨
▼直感的善悪と学問の憂鬱なすれちがい
直感的な善悪の方が哲学的倫理学より正しいのではないか。倫理学を根底から問い直し、学問としての倫理学が真に目指すべきものと倫理学的観点の面白さを伝える。
07609-0
1034円

1781
日本の物流問題
早稲田大学教授
野口智雄
▼流通の危機と進化を読みとく
安くて早くて確実な、安心の物流は終わりつつある。戦後の発展史からボトルネックの正体、これから起こるブレークスルーまで、物流の来し方行く末を見通す一冊。
07606-9
1034円

1782
労働法はフリーランスを守れるか
学習院大学教授
橋本陽子
▼これからの雇用社会を考える
アプリで仕事を請け負う配達員など、労働法に保護されない個人事業主には多くの危険が潜む。労働法は誰のための法か。多様な働き方を包摂する雇用社会を考える。
07612-0
1012円

1783
日本書道史新論
神戸大学名誉教授
魚住和晃
▼書の多様性と深みを探る
日中の書道史の碩学が、近年の新たな研究成果に基づき、古代から近代まで、自由で伸びやかな日本独自の文字文化の歩みとしての書道史を新視点から描きなおす。
07601-4
1210円

1784
使える！ 予習と復習の勉強法
日本大学教授
篠ヶ谷圭太
▼自主学習の心理学
予習と復習ってなにをやればいいの？ そんな疑問に答えるべく、効果的な勉強法や苦手科目での最低限のメソッドなどを伝授します。授業の理解度が変わるはず。
07610-6
968円

6桁の数字はISBNコードです。頭に978-4-480をつけてご利用下さい。

れぞれみじん切りにする。マッシュルームはフードプロセッサーを使ってガガーッと細かくしてしまうのが簡単。それをそれぞれバターで炒めていく。

一緒に炒めてしまいたいところだが、**それぞれの野菜の旨みや甘みの出る時間が違ってくるので単品で炒めるほうが実のところ効果的で簡単だ。**玉ねぎは薄く色づく程度でしっかりと甘みが出るくらい。ハンバーグに入れる玉ねぎと同じ。にんじんはしっとりとしてやわらかくなる程度。どちらも軽く塩をして炒める。そしてマッシュルームは多めのバターで炒め、最初に軽く塩をして水分を出しながら炒める。フライパンに貼りつくくらいにペタッとしたペースト状になるまで炒めよう。3種類の野菜が炒まったらしっかりと冷ましておく。

さて、ボウルには3種類のひき肉、そして冷ました3種類の野菜を入れ、ここに調味料を加える。塩、白こしょう、ナツメグ、シナモン、トマトペーストだけ。このトマトペーストは肉からしみ出る旨みとともに、トマトの凝縮した旨みを加える。少量でもとても重要な役割だ。これがトマトピュレや生のトマト、またはケチャップなどでは絶対ダメ。トマトを煮詰めただけのペーストに限る!ということをお忘れなく。シナモンを加えると、わたし流に言えば「ちょっと素敵になる」。ほのかに香る程度でもどこか外国料理の雰囲気になって、とにかく素敵になる。フランスのビストロで食べたシューファルシなるロールキャベツはどこかほのかにシナモンが潜んでいた。

さあ、あとはキャベツで巻いていこう。とにかく**キャベツがたっぷり！** ええ？と思うほどたっぷりなのがいいのだ。大きな葉を一番下にしたら、その上に2枚ほど中くらいの大きさの葉を重ね、さらに小さな葉を並べる。そこに6等分にしたファルスを置いて手前からギュッとキャベツをまず1回巻く。そこで左手のキャベツをまたまたギュッと折り込み、あとはそのままきつめにくるくると巻く。そうすると右側のキャベツはひらひらのまま。これでいい。このひらひらを巻いたロールの中にギュギュッと詰め込む。多少崩れそうになっていたって大丈夫。スープもロールキャベツも、とにかく一体になるのがこの料理。わたしのロールキャベツはこうなのだもの。

いよいよ本番。大きなフライパンにバターをたっぷりと熱したらロールキャベツを並べる。**強火でロールキャベツの表面にしっかりと焼き目をつけていく**のだ。南仏のレストランで研修していた友人が、小さなキッチンで作ってくれたロールキャベツも、こうしてこんがり焼きつけていた。これもまた、ええ？と思われるかもしれない。キャベツの香ばしい香りが広がり、表面がこんがりと焼けていく。転がしながら全体に焼き色がついたら、煮込み用の鍋に移す。この鍋に全部入るかしら？と悩ましいくらいの大きさがいい。そうすると煮ている間にキャベツがハラハラとはがれないし崩れにくい。

フライパンが空いたからと言って、間違えても洗ってはいけない。もう一度火にかけてフライパンを熱くする。そこにブイヨンをお玉で1～2杯入れると一気にジャーッという音を立てて沸騰する。**木べらでフライパンをこそいで、焦げたバターとキャベツの香りを余すことなくブイヨンに移す**。これは本当に大事なポイントで、うっかりフライパンを洗ってしまったらもうおしまい。フライパンが空いたらすぐにこれをやってしまうこと！

鍋にさらにこのブイヨンをひたひたより若干多めに注ぐ。ここまで来たらもう出来上がったようなもの。あとはじっくりコトコト煮ていくだけ。

塩をふり、ローリエを上に数枚散らす。この時のローリエも1～2枚、とは言わず、6～7枚。ええ?というくらいたっぷりと乗せること。タイムもあれば1～2本。これはなくても構わない。ペーパーでお鍋の大きさに合わせて落としぶたを作ってぴったりと乗せ、鍋のふたをして火にかける。沸騰したらほんの弱火にして、あとは1時間～1時間半ほどコトコトという音を楽しんでいよう。

そのうち、キッチンにはえもいわれぬほどのいい匂いがふんわりと広がってくるだろう。この香りは幸せの匂いだ。コトコトと静かに流れる鍋の音楽。焦げたバターとキャベツとブイヨンの匂いは優しくて涙が出そうになるくらい。そうっとふたを開けたら、キャベツはとろけそうなやわらかさで並んでいて、上目遣いでまばたきをしている（感じがする）。

煮汁を小さな鍋に移し、火にかける。小さく切ったバターを加えて鍋をゆすると、少し

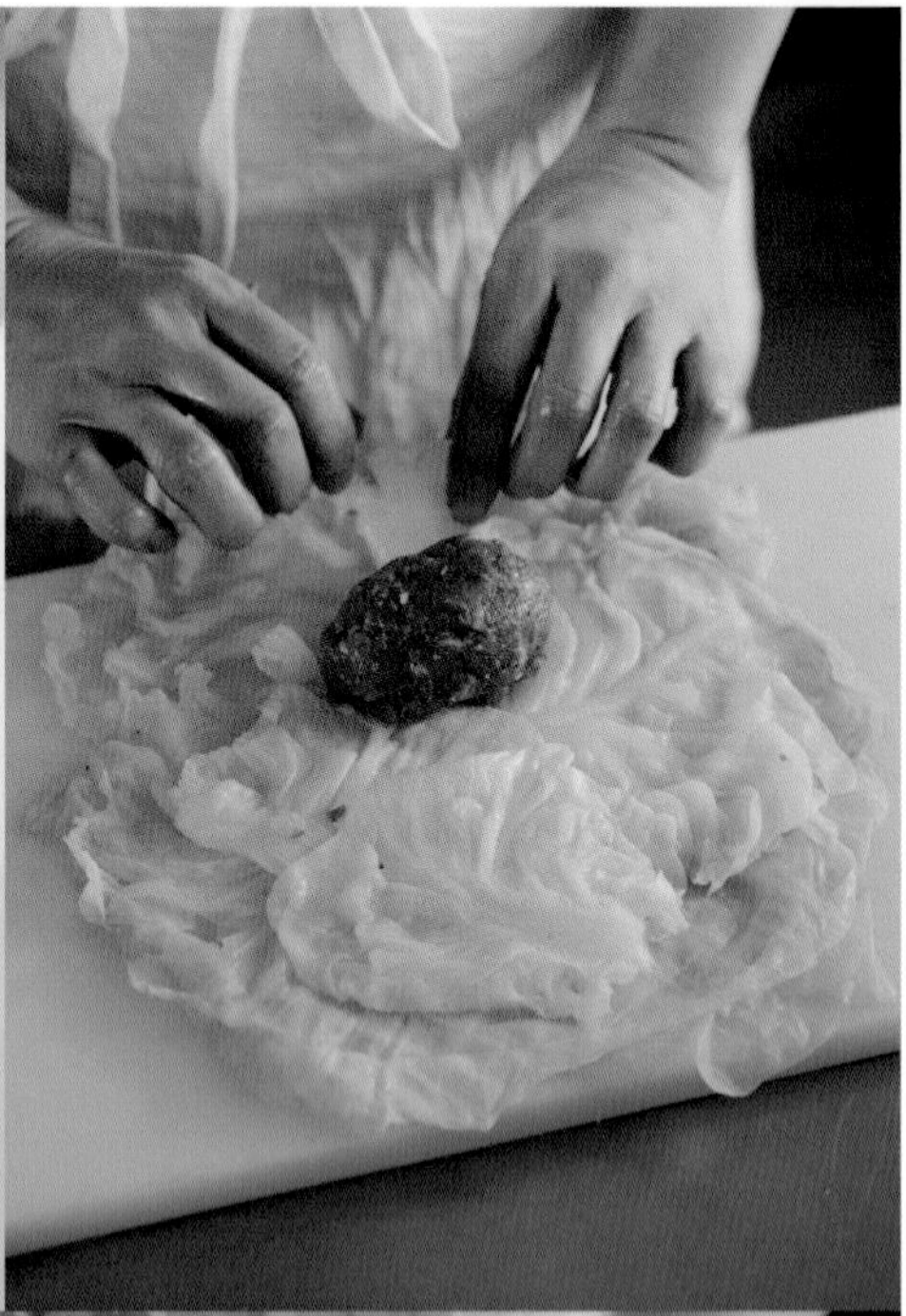

だけとろみがつく。味をみてしっかりめに塩をすれば仕上げのソースは完成だ。

器はしっかりと温めて、やわらかくて今にも崩れてしまいそうなロールキャベツを盛りつけよう。熱々のソースをかけて、上にはサワークリームを。

先日わたしは、久しぶりに家でロールキャベツを作った。コトコトという鍋が奏でる音楽やキッチンに広がる香り、ふたを開けた時のロールキャベツの表情……

そしてひと口食べた時にものすごく感動した。

「なんて美味しいロールキャベツだろう」

自分で言うのもなんだが、「我が家のロールキャベツ」、本当に最高なんです。

ロールキャベツの作り方（6個分）

◆ファルス
キャベツ…1個
牛ひき肉…200g
豚ひき肉…100g
鶏ももひき肉…100g
玉ねぎ（細かいみじん切り）…½個
にんじん（細かいみじん切り）…½本
マッシュルーム（細かいみじん切り）…10個
塩…小さじ½
白こしょう、シナモン、ナツメグ…各適量

└トマトペースト…大さじ1
ブイヨン（P43参照）…3カップ
塩…適量
ローリエ、タイム…各適量
バター…適量（やや多め）
サワークリーム、パセリ（みじん切り、飾り用）…各適量

❶玉ねぎ、にんじん、マッシュルームはそれぞれ別々にバターで炒めて冷ましておく。
❷塩（分量外）を入れてたっぷりの湯を沸かし、芯をくりぬいたキャベツを浸す。葉がはがれてくるので、そのあと1分ほどゆで、順にざるに取る。
❸ボウルに①とすべてのひき肉を入れて練り合わせ、塩、白こしょう、シナモン、ナツメグ、トマトペーストを加えて混ぜる。
❹キャベツの葉を3～4枚重ねて広げ、③を6等分にして包む。包み方は本文を参照。
❺フライパンにバターを熱し、④をすきまなく並べ入れ、転がしながら表面にしっかりと焦げ目をつけ、煮込み用の鍋に移す。
❻フライパンは洗わずに再度火にかけ、ブイヨン½カップを加えて沸騰させ、フライパンの底をこそぐようにして、煮込み用の鍋にこしながら移す。
❼さらに鍋にひたひたになるくらいまでブイヨンを注ぎ、塩少々を加えてローリエ、タイムを乗せ、ペーパーの落としぶたをする。ふたをして中火にかけ、沸騰後、弱火で1時間～1時間半ほど煮る。
❽ロールキャベツを取り出し、盛りつける。煮汁だけを強火にかけ、約⅔量まで煮詰める。小さく切ったバターを加え、軽くとろみのついたソースにして、塩で味を調える。
❾ロールキャベツにソースをかけ、サワークリームを乗せ、パセリのみじん切りを散らす。

同じ形に揃えて切り、1種類ずつ炒める

チャングムサラダ

「宮廷女官チャングムの誓い」という韓国ドラマをご存知だろうか。厳しい境遇の中で賢く美しく、そしてたくましく成長していくチャングムが、母や恩師の無念を晴らすために様々な妨害にあいながらもスラッカン（王宮の台所）のチェゴサングン（最高尚宮）へ登り詰める。最終的には王様の主治医にまでになるという壮大なドラマ。

このドラマ、ストーリーも見応えたっぷりなのだが、「料理とは何か？」を教えてくれるような気がして、何度も何度も繰り返し見た。なんといっても料理のシーンがたくさん出てくる。このころ、朝鮮にはまだ唐がらしも入ってきてなかった時代。庶民は乾燥した野菜や山菜を主に食べている。ちょっとした和え物や炒め物を作っている様子を見ると、ひとつ特徴がある。それは素材をひとつひとつ別々に炒める、ということ。乾燥させた野菜や山菜は水で戻して絞り、1種類ずつごま油で炒めては器にポイッと移す。さらに油を

足して下味をつけた肉を焼いたり、塩もみして水気を抜いたきゅうりや大根を炒めている。必ず1種類ずつ。そして何種類か溜まった器に、醤油やごま、酢、はちみつにからしなどを足して手で和えると酢の物やからし和えが出来上がる。ここに乾燥したお餅を加えて炒め合わせ、最後に梨醤油（梨に穴をあけて醤油に加えて煮る、梨の香りや甘みを移した醤油）で味つけしたトッポッキなども出てくる。なんていうか、それがもう、美味しそう!!なのである。

だいぶ昔になるが、このドラマを見て、わたしはそれまでの韓国料理のイメージが覆された感じがした。この「宮廷女官チャングムの誓い」からたくさんの料理を学んだ。梨醤油は実際に自分でも作ってみて、お正月の残ったお餅と牛肉、ズッキーニや玉ねぎと炒めてみたり、ほかにもエビの和え物としてチャングムがやっていた、エビの蒸し汁をベースにした和えだれを作ってみたり。それがどれもすごく美味しいのだ。

中でも何度も繰り返し作り、すでに我が家の定番となったものがある。その名も「チャングムサラダ」。冷蔵庫にいろいろな野菜が中途半端に残っていたら、「チャングムサラダにしちゃおうか」となるし、これを食べた人たちもみな「チャングムサラダ作って〜」と言う。もちろんチャングムの中には出てきませんよ。このサラダは。

作り方はチャングムに出てくるいろいろを組み合わせたもの。だから「チャングムサラダ」なのだ。

まずは野菜の下ごしらえ。チャングムならば干した野菜を使うだろうけど、わたしは生のまま使う。干した野菜でやるとさらに美味しいと思う。いつも即興で作るので冷蔵庫をガサゴソとやって大根、にんじん、きゅうり、しいたけ、あとは適当に、いんげんや白菜の芯とか、残っている野菜を探して切っていく。

大切なのは形や大きさを揃えること。最後に全部を和えた時にとても美しくて歯触りも軽快になる。にんじんなら薄すぎない短冊切りでも拍子切りでも。小さなボウルに入れて軽く塩をする。大根なら拍子木切り。こちらも軽く塩をしてそのボウルはにんじんのボウルに重ねる。きゅうりは縦半分に切って斜め薄切り。同じく塩をしてさらにボウルを重ね、白菜の芯を使う場合は、厚さを半分に切ってから細切りにして塩。こんな風に野菜に塩をしたボウルをどんどん重ねていくと、重しになって水分が出やすい。しいたけは薄切りにして塩はしない。干ししいたけならしっかりと戻そう。

これに合わせるのは牛肉。もも肉などの赤身を拍子木くらいに切って、醤油、酒、ごま油、塩で軽く下味を揉み込んでおく。

フライパンをチリチリに熱して、となりには大きめのボウルを置く。ごま油をフライパンに加えて水気を絞った大根を炒める。軽く塩をしてボウルにポイッと放る。火が通った

ら大きめのボウルに取る。同じように、にんじん、しいたけ、きゅうりと炒めていく。1種類ずつが鉄則だ。全部一緒に炒めたらダメなんですか？と聞かれるのだが、これ、ぜひ試してみてほしい。1種類ずつ炒めるのって全然面倒じゃない。あっという間に炒まるし、それぞれの歯触りを生かしたタイミングでさっと取り出せる。むしろ全部一緒に炒めるほうが面倒くさいと感じるほどだ。フライパンはいちいち洗わずそのまま炒めていけばいい。最後に牛肉をさっと炒めてボウルに加えたらすべての素材の炒め上がり。ここに和えだれを加える。にんにくのすりおろし、醤油、酢、砂糖、ごま。手でよくよく和えたら出来上がり。わたしの得意料理チャングムサラダ。余裕があれば、ここにゆでたいんげん、錦糸卵も加えるとさらに美しくなる。

このチャングムサラダの美味しさのポイントは、**1種類ずつ炒めて、それぞれの歯触りを生かす火の通し方をすること、そして、それぞれの形を揃えることにある**。包丁は切れ味鋭くお手入れしておいて、美しく切り揃えよう。牛肉だけは用意する必要があるが、冷蔵庫の残り物の野菜で作れるものとは思えないほど、彩りも鮮やかなとっておきのひと皿が出来上がる。

「宮廷女官チャングムの誓い」の中で、一番ハッとしたシーンをひとつ。これは何か特別な料理のシーンではない。チャングムが女官になるべく修業し始めたころ、恩師の尚宮さまが毎日こう言うのだ。

「チャングム水を汲んできて」

たらいに汲んでみたり、お湯にしてみたり、冷水にしてみたり、時には葉っぱを数枚浮かべてみたり。それでも尚宮さまは「明日もう一度汲んできて」と言うだけ。小さなチャングムは毎日泣きべそをかきながら悩む。

そしてある日。「水を汲んできて」と言われると、チャングムはこう聞くのだ。

「尚宮さま、今日のお加減はどうですか？　お腹は痛くないですか？　お通じはありましたか？」

「そうね。お通じはあるわ。喉が少し痛いわね」

そこでチャングムはお湯に塩をひとつまみ入れて持ってくる。

「どうぞお茶のようにゆっくりとお飲みください」

水も料理の一部だということ、料理は食べてくれる人への配慮が一番で、料理は人に対する心だ、ということを教えたかった、というシーンだ。チャングムは料理を作る女官になるための、一番大事な第一関門を見事通過するのである。

チャングムサラダの作り方（2〜3人分）

牛もも肉…100g
下味調味料＝酒、醤油、金ごま油、塩…各適量

きゅうり…1本
生しいたけ…3枚
大根…12cm
にんじん…½本
いんげん…10本
卵…2個
塩…適量

A
砂糖…大さじ2
醤油…小さじ2
米酢…大さじ2
塩…小さじ½
にんにくのすりおろし…ごく少量

金ごま油…適量
白いりごま…大さじ1

❶牛肉は繊維にそって拍子木くらいの細切りにし、下味調味料をまぶす。
❷きゅうりは縦に半分に切って斜め薄切り、しいたけは薄切り、大根、にんじんは拍子木切りに。きゅうり、大根、にんじんは軽く塩をして、それぞれボウルに入れて重ねておく。きゅうりは一番上、にんじんは一番下。
❸しばらくすると水気が出るので、それぞれ軽く絞っておく。
❹フライパンにごま油を熱し、大根を入れ、軽く塩をし、炒めてからボウルに取る。ごま油を少しずつ足しながら、にんじん、しいたけ、きゅうりを1種類ずつさっと炒めて塩で味を調え、同じボウルに取る。
❺①の牛肉を炒め④のボウルに取る。
❻いんげんはゆでてヘタを取り、縦半分にしたものを斜め切りで2等分にしておく（P93参照）。
❼卵はよくほぐして塩少々を加え、薄焼きに焼いてから3～4㎜幅に切って太めの錦糸卵を作る。
❽Aを合わせ、⑤とよく和え、錦糸卵、いんげん、白いりごまを加えてさらに軽く和えて盛りつける。
◎歯触りを生かしたいので、炒めすぎないように。

シンプルなレタスのサラダ

小さくちぎらない理由と万能ドレッシング

ふらりと入ったお店で、もしもサラダがとびきり美味しかったなら、その店のどの料理も、きっととびきりの美味しさを約束してくれるだろう、とわたしは思う。

「サラダ」というメニューは日本ではどこか曖昧で、美味しくても美味しくなくても人は「こんなもんか」と許してしまう、というところがある。なんというかひとつの料理としてきちんと成立しているのか否か、あるべきサラダの姿というのがちょっとわかりにくいような感じなのだ。

しかしその反面、サラダという料理が作り出せる味わいの可能性はまるで小宇宙、つまり無限大に広がる味の可能性がある素晴らしい料理だ、とも思う。そんな風にサラダを作ってくれるお店はとても少ない。

サラダという言葉で人々が想像する形もそれぞれだ。

ランチに添えられるサラダでも、メニュー表の中に書かれたグリーンサラダでも、サラダという名前を見るとわたしはいつも思いを巡らす。どんなサラダがやってくるのか？　皿は冷たいのか？　野菜の温度は？　どんな野菜？　和えてある？　ドレッシングは？　そしてもしも、想像を超える旨さのサラダに出会ったなら、作っているシェフの顔を見て、目をうるうるさせながら伝えたい。「このサラダに出会えて、本当に嬉しい」

つまり、わたし、サラダが大好きなんです。好きで好きでたまらないのだ。

そんなわたしの**サラダにおける大事な要素は「食感」と「温度」、そして「タイミング」**。どんな温度でどんな食感で楽しむか。サラダと向き合う時、これはとても大事なポイントだ。最初にひとつ、「サラダ」をご紹介するならば、わたしの場合、迷わずにこれだ。「レタスのサラダ」。わたしの十八番のサラダ。

どこにでも必ずある野菜。たぶんレタス自体に味気なさを感じている人も多いであろう。実際、うちの母も昔からレタスにあまり興味がなかったのだが、わたしのレタスサラダを食べて以来、ほぼ毎日レタスを食べるというのだ。ふふふ。

さて作り方。

まずはレタスの葉を丁寧にはずしていく。大きな葉っぱのまま冷水につける。こうするとパリッとレタスが生き返るのは言うまでもない。あまり長くつける必要はない。レタスがいきいきとしてきたら大丈夫。そのあとは水気をしっかりと切ろう。この時サラダスピナーなるものがあると便利。しっかり水気は切られているけど、表面には潤いがあるという状態にする。今日は冷たくして食べたい！という方はこの状態で冷蔵庫に入れる。「今日は？」と思うかもしれない。レタスは冷蔵庫に入っているものだし、レタスサラダは冷たくして食べるものでしょう？と思われるかもしれない。このことはあとでまたお話しするのでまずは作り方を進めよう。

大きなボウルを用意して水気を切った葉っぱをここに入れる。大きなボウルであることと、**葉っぱをほとんどちぎらないことが大事**。1枚の葉を2等分くらいにする程度。小さめの葉っぱならちぎらずにそのままでも構わない。ここにドレッシングを加える。両手でレタスをざっくりと和えていこう。ふんわりとレタスをボウルの中で転がすような気持ち。決して力を入れたり、葉っぱに手の温度が伝わるくらい長く触れたりしない。そうしていくときっとわかるはず。レタスが最初より少しだけしんなりしてくることが。かさが少し減ってくるけれど、パリッとした状態は保っている。このタイミングは手のひらが一番わかりやすい。だからわたしは手で和える。手で和えると、レタスの隅々にドレッシングが行き渡っているのもわかる。これ以上混ぜたらしなしなになってしまうのもわかる。**手のひらでわかる感覚は、他のどの器具でも代用できない。手ってすばらしい調理器具なのだ。**

ここまできたらもう混ぜない。

ボウルで混ぜる時に、レタスのかたい軸の部分を手ではずしたり、葉っぱがあまりにも大きすぎたら少しだけちぎる。大切なのは小さくちぎりすぎないこと。なぜかって、和えている間にレタスはどんどん小さくなる。最初のパリパリ状態の時にちょうどいいなんて思って小さくちぎったら、和えたあとはしんなりぺったんこ、のなんの魅力もない葉っぱになってしまう。大きなサラダボウルでもお皿でも、このサラダをわさっと盛りつけた時に、葉っぱが放つ生命力ともいえるような勢いがなくては。食べる時にほっぺたに少しドレッシングがつきそうなくらい大きくていい。まだまだパリッと食感が残る大きさ、レタスのサラダにはこれがとても大事なのだ。食べにくければナイフとフォークを使えばいいだけのこと。

ここでひとつ、サラダの「温度」について話すと、このレタスのサラダ、必ずしも冷蔵庫に入れて冷たくしておく必要はない。人肌に近い温度で食べるサラダというのがわたしは好き。口に入れたとたんに「ちべたい！」と歯がしみるような温度では味がわかりにくいこともある。これはサラダと合わせる料理にもよる。熱々のフライや冬の煮込みなどに合わせるならば、冷たい温度が気持ちいい。でも**人肌のサラダ、というのも決して悪くない**ということをひとつ言っておきたい。温かいわけではない。冷たすぎない人肌に近い温度のサラダは、レタスの少し苦みのある味も、ドレッシングの香りも味もとてもわかりやすい。でもレタスの場合は和えたてであることが絶対なので、それだけはお忘れなく。

最後に、レタスはもちろん、どんな野菜にもぴったりと寄り添う万能のドレッシングをご紹介して、今日のサラダの話はおしまい。本当は教えたくないほど大好きなドレッシングだ。

ベースになるのは玉ねぎ。これはすりおろす。玉ねぎのすりおろしって思いの外面倒なのでわたしはフードプロセッサーを使ってしまう。ガーッと一気にやってしまおう。玉ねぎがすりおろせたらこれを保存容器に入れ、ディジョンマスタード、米酢、塩、砂糖、白こしょうを加えてよく混ぜる。ふたをしてこのまま冷蔵庫でひと晩以上寝かせる。3日でも1週間でも構わない。ゆっくりと寝かせて玉ねぎと調味料がじっくり仲良しになるまで寝かせておく。そうすることで玉ねぎの辛みや苦み、においは嘘のように丸くなる。これだけは端折ったり、何かで代用することはできない。「時間」だけがこの仕事をしてくれるから。さあ、ゆったりと待ったあとはオイルを混ぜるだけ。絶品！と自画自賛しているドレッシングの出来上がり。

まずはこのドレッシングとレタスだけで、「サラダ」を作ってみてほしい。

サラダは小宇宙である故に、サラダの話も果てしなく広がる。今日のところはここまでに。このドレッシングが生まれた秘話や、お酢の話、オイルの話、そして冷たいサラダの話、温かいサラダの話……いつかまた少しずつお話ししていきたい。

シンプルなレタスのサラダの作り方

レタス…1個

◆ドレッシング

玉ねぎ(すりおろす)…小¼個分
ディジョンマスタード…大さじ2
米酢…大さじ2
塩…小さじ½〜⅔
白こしょう…少々
砂糖…ひとつまみ
サラダ油…大さじ6
オリーブオイル…大さじ1

❶レタスは芯をくりぬいて取り除き、葉をはがす。ほとんどちぎらずに冷水につける。サラダスピナーでしっかりと水気を切る。和える直前まで冷蔵庫に入れておく。

❷玉ねぎをボウルに取り、ディジョンマスタード、米酢、塩、白こしょう、砂糖を加え、よく混ぜる。この状態で最低1日は寝かせる(3日以上が望ましい)。

❸サラダ油、オリーブオイルを少しずつ加えて混ぜ、乳化させる。

❹レタスの大きな葉は半分くらいにちぎりながら、大きなボウルに入れる。ドレッシングを加え、手で味がなじむように優しく混ぜ、器に盛りつける。

◎玉ねぎのすりおろしはフードプロセッサーを使ってもOK。

◎応用としてミモザサラダを作るなら……固ゆで卵2個を白身と黄身に分けて裏ごしし、それぞれ同量ずつをドレッシングに加えて混ぜ、レタスに和えて盛り、残りの卵を散らす。

いんげんのサラダ

歯触りのよさを考えて料理する

先日、友人のお誕生日に何か好きな料理を作ってあげることになり、何がいいかと聞くと彼女はいろいろと悩みながらいくつかの料理を挙げてきた。「でもあれだけは絶対作ってね。あれ、あのいんげんのサラダ」と言う。いんげんのサラダ?とわたしは思ったが、「いつもハンバーグにつけてるあれ。あれを食べてからいんげんが大好きになって。でも自分でやるのは面倒くさい」と笑う。わたしはとても嬉しくなった。いつもつけ合わせに作っていたそのいんげんのサラダは、わたしも大好きで、たしかに多少面倒くさいけれど、メインのメニューがいろいろ出てきたその中で思い出してくれるほどのものになっていたとは。

材料はたっぷりの新鮮ないんげん。ドレッシングは米酢、マスタード、塩、玉ねぎ、白こしょう、砂糖そしてオイルだけで作る、「シンプルなレタスのサラダ」で紹介したもの。

他にパセリのみじん切りなんかがあってもいい。

まずはいんげんをゆでる。塩を入れてたっぷりの湯を沸かし、いんげんをざっと入れる。ぱあっと鮮やかな緑色に変わったあと、どのくらいゆでるかが肝心となる。時間は測らない。いんげんの太さにもよるので時々箸で1本鍋から出して様子を見る。スーッと湯気が立ち上ったあと湯気が消えていんげんに透明感が出てくる。少しだけかじってみてもいい。果肉の色みが透明な感じになったところ。そして歯触りがサクッとしていながらも火が通っている感じだ。いんげんはさっとゆでるくらいでは青臭さが残る。やわらかすぎてもいけない。ここだ!というタイミングでざるに上げる。冷水などには取らずざるに広げて冷ますと水っぽくならずに美味しい。

少し粗熱が取れたらヘタを切り落として縦に2等分する。筋目のところではなく、両脇に筋目があるようにまな板に乗せてスッと2等分。たっぷりのいんげんすべてを縦に切るのはなかなかの面倒くささだが、ここがこのサラダの「料理」するところ。ここだけは絶対にやらねばならない。2等分したらそれぞれを斜めに切る。1本のいんげんは4等分になる。これを1本1本切っていく。なぜこんなことをやるかって? **すべてはこのサラダの要である歯触りのためだ**。いんげんはけっこう皮が厚い。ゆでてそのままを口にすると、歯あたりがキュッとするような独特の抵抗がある。これがいやだ、という人もいるのでは

ないかな。縦に2等分するといんげんの果肉の透明でつやっとした面が出てくる。それだけで歯触りはサクサクと軽快になり、ちっともいやな感じにならない。そして、この黙々とした作業をしていると美しいものを少しずつ作っている感じがして、なんだか夢中になったりもする。それはわたしだけかもしれないけれど。とにかくこの細くて繊細ないんげんがボウルにたっぷりとたまってくるのはとても美しくて好き。これだけでもぜったい美味しい感じがするのだ。

ここにドレッシングを加えて、あとは手でざっくりと和える。両手を使っていんげんの一本一本にしっかり絡んでいることを手のひらで感じよう。わたしはたいていのサラダは大きなボウルで手で和える。**手で和えるからこそわかる美味しいタイミングというものがあるからだ**。さあ、全部がつややかになじんだら、大きな器にたっぷりと盛って出来上がり。パセリを散らしても美味しい。

ここで大事なことは、**食べる直前に和えるということ**。和えてから時間がたつと色が変わってしまう。それともうひとつ。冷蔵庫に入れないこと。ゆでたいんげんを冷水に取らず、手で和えたサラダは人肌に近い。この人肌のサラダ、というのもサラダのご馳走のひとつ。なんというか、いんげんの香りや甘み、ドレッシングの酸みや香味、オイルのまろやかさ。すべてがとてもいい感じに口の中で調和するような温度だ。

そして友人のお誕生日の日、わたしはこれでもかとたっぷりのいんげんのサラダをテーブルに出した。友人はサクサクと音を立てて器をかかえるようにしてこのサラダを食べていた。

他にもいくつかご馳走を作ったのだけど、このサラダを食べる時の友人の顔が一番嬉しそうだった。食べてくれる人たちのこういう表情を見ながら、わたしはいつも「料理」をする、ということの喜びや意味を感じているのではないだろうか。

いんげんのサラダの作り方

いんげん…4パック程度(400〜500g)
ドレッシング(P90参照)…適量

❶鍋にたっぷりの湯を沸かし、塩(分量外)を加え、いんげんをゆでる。
❷いんげんが鮮やかな緑色になり、沸騰が落ち着き、その後、鍋のまわりがもう一度フツフツと小さく沸騰してきたら、1本取って空気にさらす。
❸スーッと湯気が立ったあと、いんげんの透明感が増し、豆が透けて見えるくらいになったら全部を取り出し、ざるなどに広げて冷ます。
❹ヘタを取り除き、縦に半分に切る。さらに斜めに半分にする。
❺ドレッシングを加え、ざっくりと和える。

蒸したじゃがいもを
ラードで揚げる

フライドポテト

じゃがいもが4個。家にはこれしかない。これだけで心躍る料理を何か作るとしたら、それはもうフライドポテトしかないであろう。フライドポテトが嫌い、という人はほとんどいないのではないだろうか。じゃがいも4個あれば皿に山盛り出来上がる。それをテーブルにドンと置いただけで客人はみな「わあーっ！」と喜んでくれる。それには、とびきり美味しいフライドポテトを作る必要があるけれど、作り方はシンプルの極み。今日はそのフライドポテトのお話を。

まず、材料はじゃがいも。もちろんひとつでも作ることはできるけど、最低でも4個くらいで作りたい。**キメが細かくて煮崩れしにくいメークインがおすすめだ。**

そして丸ごと蒸す。生のじゃがいもから作る方法もあるが、蒸してから揚げるこの方法が坂田流。絶対的に美味しくできるので、ぜひともこの方法を試してみてほしい。

わたしはいつもここで秘密兵器の圧力鍋を使う。丸ごとのじゃがいもを圧力鍋で蒸し上げると、やわらかくなるまではたったの加圧2分なのだ。もしも圧力鍋をお持ちであれば、ぜひこの下ごしらえには圧力鍋を使ってみてほしい。圧力鍋がない場合は蒸し器で約20分。ゆでてもよいが、少しだけ水っぽくなるので蒸すほうが美味しくなる。竹串がスッと入るくらいにやわらかく蒸し上がったら、これを揚げればいいだけなのだが、ここで大切なポイント。**粗熱が取れたところで冷蔵庫に入れて、ひと晩しっかりと寝かせる**。じゃがいもは冷めるとでんぷんがふえる。それによってネチッとして甘みが増すのだが、フライドポテトにはこの「ネチッ」がとても大事。甘さのある濃いフライドポテトになる。だから、今すぐに揚げたい気持ちを抑えてひと晩ゆっくり寝かせよう。急いでる場合は2時間くらいでもいい。とにかくしっかり冷やすことが大事なのだ。

冷えたじゃがいもに包丁を入れてまずは縦に半分。包丁の刃にネチッとでんぷん質がくっつくくらいに粘りが出ている。さらにそれを3から4等分のくし切りにする。キリッと切り口が鋭角になるほどにしっかりと切ることができるはず。ゆでたてではこうはならない。キリリとエッジの立ったフライドポテトに仕上げるためにもじゃがいもを寝かせることは大事なプロセスなのだ。じゃがいもの用意ができたら、あとは油の用意だけ。

ところで、「ラード」という脂はみなさんご存知だろうか。豚の脂を精製したものだから動物性の脂である。ラードをいつも常備してあるというご家庭はもしかしたら少ないかもしれないが、意外と昔からどこのスーパーにも必ずあるもの。オレンジのキャップがついたマヨネーズ容器のようなものに入って売られているものが多い。このラードが揚げ物、特にこのシンプルなフライドポテトには必須と言ってもいい。料理教室でも、いつもメガホンを握るがごとく、このラードについての熱弁をふるってしまうのだが、いや、本当にこの**ラードってすばらしい脂なのだ**。揚げ物苦手、なんだかうまく揚がらない、なんていう方には特にこれを使ってほしい。なぜなら、まず動物性の脂のほうが植物性の油よりも温度変化が少ない。上がった温度が少し下がりにくいのだ。だから揚げ物初心者こそラードを使うと、多少調理にまごついてもきっと美味しく揚がる。そしてもうひとつ、とにかく風味がいい。鴨のコンフィは、ガチョウの脂や鴨の脂でゆっくりと低温で鴨肉を煮ていく料理だが、わたしはいつも残った脂でじゃがいもを揚げてつけ合わせていた。これが最高に美味しい。なぜなら脂にすばらしい風味があるから。鴨の脂までとはいかないが、ラードでじゃがいもを揚げるとそんな風になる。精製してあるから強いにおいがするわけではないが、風味にコクがある。これはもう美味しい揚げ物に必須なわけである。

揚げ油を全部ラードにしてもいいが、いつも家にあるサラダ油に少しラードを混ぜるだけでも十分。サラダ油とラードを半分半分、もしくはサラダ油とラードを2：1くらいで

もいい。とにかく騙されたと思ってラードを手に入れて、こうして混ぜて揚げてみてほしい。

油の温度は180℃くらい。けっこう高温で揚げていく。じゃがいもはすでに火が通っているのだが、じゃがいもって案外水分の多い野菜。表面の水分が抜けていくことでカリッとしたポテトになる。高めの温度から入れて、まずはわーっと水分を抜いていく。ぶくぶくと泡が上がってくるので、しばらくは触らずに放っておく。うっすらと色がついてくるまでまあまあ時間がかかるので、焦らず、がいい。少しだけ色づいてきたらゆっくりとトングなどで触ってみる。まわりはかたくなってきているはずだ。そうしたら大きく混ぜるようにしてまた放っておく。これを繰り返すと、なんとも美味しそうな色がだんだんとついてくる。火を強めて少し温度を上げ、大きく混ぜてまんべんなく色がついてきたら揚げバットに取ろう。

バットにこれをあげる時のサコサコサコ、ザクザクザク!という音に、胸を弾ませてほしい。絶対おいしい!といつもわたしはこの音で確信するのである。

さあ、揚げたてに粗塩をふって、皿に山盛りにしたら急ぎテーブルへ。何がなんでも揚げたてを食べなくては!　ケチャップやマスタードを添えるのもいいし、NYで食べたクミンパウダーを混ぜたマヨネーズ、なんてのもまたオツだ。

じゃがいもってすごい。ただのじゃがいもだけなのにこんなに美味しい奴に変身しちゃうんだもの。そしてやっぱりラードってすごい。

じゃがいもをラードで揚げるこのポテトフライの美味しさ。ぜひみなさんにもお試しいただいて、そしていつか手と手を取り合って大きくうなずき合いたい。

フライドポテトの作り方

じゃがいも（メークイン）…4個
揚げ油（サラダ油とラードを半分ずつ）…適量
粗塩…適量

❶じゃがいもは皮つきを丸ごとゆでるか蒸すかしたあと、冷蔵庫でひと晩ほど置き、くし形に切る。
❷揚げ鍋に揚げ油を入れて熱し、約１８０℃になったら、①のじゃがいもを入れる。
❸泡が出て、表面が少しかたくなってきたら時々混ぜながら揚げていく。泡が少なくなって、全体にこんがりときつね色になり、カリッとなったら最後は火を強めて仕上げる。
❹バットに取り、粗塩をふる。
◎お好みでローズマリーを一緒に揚げて添えると香りがよい。

蒸し煮にして旨みを引き出し、
香りの仕掛けをする

ポタージュスープ

旅に行くと必ず食べるもの。それはスープだ。
どの国に行ってもスープをひとさじ飲むだけで、
なにを語らずともその国の食文化がわかるような気がする。
そしてなにより、旅に疲れた体にスープはいつもやさしくしみ渡り、
みるみる元気になれるから。（『このひと皿で五感がめざめる、パワースープ』より）

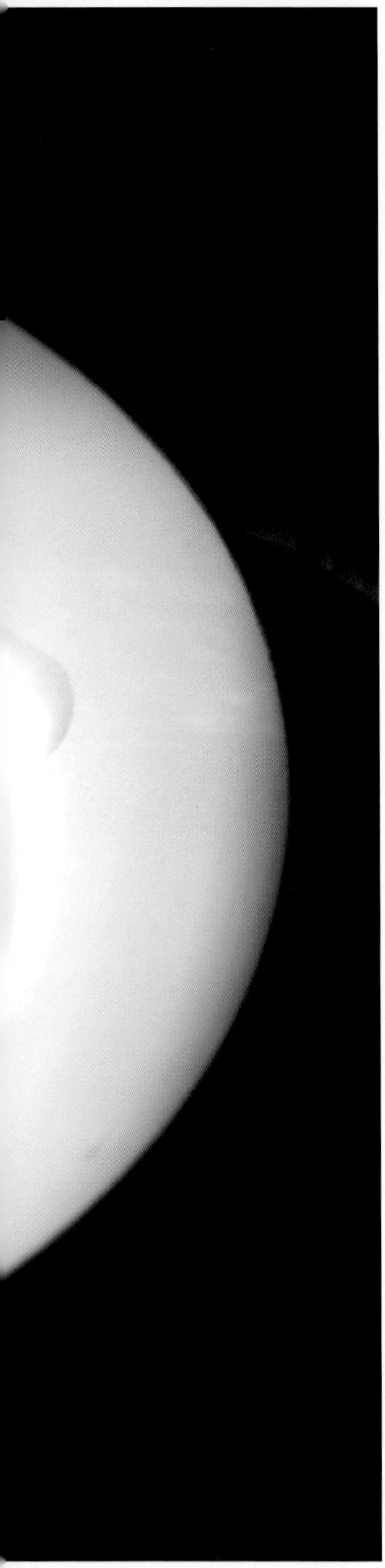

そう、スープには最初のひとさじですべてを語ってくるような力強さと、その液体が体にじんわりとしみとおる優しさがある。世界中にいろんなスープがあるけれど、私がもっともよく作る、とても簡単で素敵な作り方のスープをご紹介したい。

それは野菜のポタージュスープ。自分のためにも、そして客人にもふるまうスープのひとつだ。たとえばカリフラワー、じゃがいも、かぶ、新玉ねぎやにんじんなどがよく登場する。野菜が替わっても作り方はほぼ同じ。そしてとびきり簡単なので、この方法、ぜひお試しいただきたい。中でも一番のお気に入りはカリフラワーのポタージュ。作り方を詳しくお話しししよう。

材料としてカリフラワーを1株。冬に美味しい野菜だから、これは冬に作るのがいい。新玉ねぎやにんじんなら春。とうもろこしなら夏。季節の野菜でいろいろ試してみてほしい。他にバター、塩、そして水。材料はこれだけだ。まずはカリフラワーを小房に分ける。軸の部分も小さく切って加えてしまう。鍋に入れたら、そこにバターとふたつまみの塩。そして水を少量、カリフラワーの場合はさほど水分が出ないから、1株に対して1カップくらいの水を加えて火にかける。かぶや新玉ねぎなど水分の多い野菜なら、½カップで十分だ。少ない水分で。沸騰してきたら、ごく弱火にして15～20分、蒸し煮にする。

ここまでで大事なことは、**素材を炒めない**、ということ。炒めて美味しさを出すスープももちろんあるのだが、炒めないことで野菜に油がからまないからスッと火が通る。特ににんじんなどは絶対だ。バターは細かくしないでポンと塊で加えるだけ。鍋中の蒸気でゆっくり溶けていくだけでいい。ふたつまみの塩は野菜の水分を出しやすくし、旨みも呼ぶ。ゆでるようにたっぷりの水分を入れてしまうと野菜は旨みを出しにくい。鍋の中を**少ない水分の蒸気でいっぱいにして、そこで野菜がゆっくりと蒸し煮される状態。**わたしはいつもこの状態を「サウナ」と呼んでおり、鍋の野菜は気持ちいい汗をかく。この汗が旨みとなるから決して最初に水をたくさん入れてはダメ。カリフラワーのスープも同じ。

さて、やわらかくなったカリフラワーをミキサーに入れ、鍋に残った水分とともに攪拌する。ちょっとしつこいくらいに攪拌すると美しくなめらかなピュレになる。このピュレがスープの素。鍋に移して温めながら、牛乳や水で好みの濃度に調整し、塩で味を調える。これで出来上がりだ。

もうひとつ、じゃがいものポタージュも紹介しておこう。材料はじゃがいも、わたしはメークインを好んで使う。もちろんどんな種類でも美味しいけれど、メークインのほのかな甘さや肉質が好き。ほかにポワロねぎ、または長ねぎでも構わないし玉ねぎでもいい。セロリを加えてもいい。**香味を加えると味や香りに奥行きが出る。**そう、野菜のポタージュ

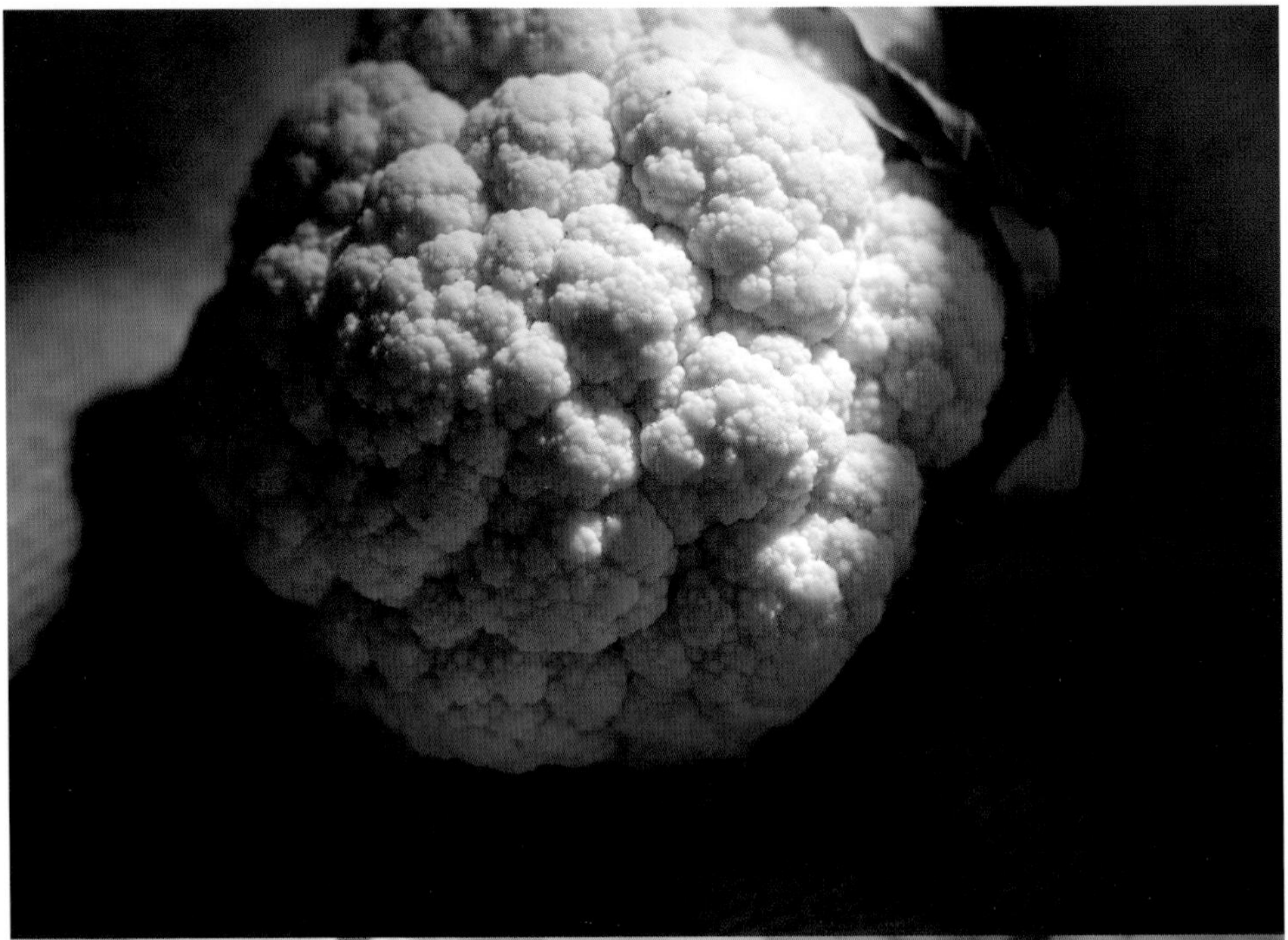

スープには香りの奥行きを出す、という楽しい仕掛けをすることができる。ポワロねぎは小口に切り、じゃがいもも薄く切る。鍋に入れてバターと塩、そして少量の水を加えて火にかけ、蒸し煮にする。

香りの奥行きの話をしたけれど、この時、その時の気分で、たとえばしょうがやレモンの皮、つぶしたコリアンダーシード、シナモンスティック、ミントの葉やセロリの葉、ローリエ、バジル、粒こしょうなど、アクセントをつけてくれるものを一緒に入れる。決してパウダーのものやドライのハーブなどは入れない。小さなホールのスパイスなら、あとで取り出しやすいように、ガーゼでくるんでタコ糸で縛ったものを入れて鍋の取手にでも結んでおくといい。攪拌する前に取り除きやすい。

たとえばじゃがいもならレモンの皮とセージやローズマリー。とうもろこしならコリアンダーシード。さつまいもならシナモンにりんごの皮、しょうがも合う。かぶならそのままでもいいが、黒こしょうのアクセントなどをつけてもきっと素敵だ。これは器に注いだ時には至って普通のなめらかなスープである、ということが大切だ。だからパウダースパイスで色が変わってしまったり、つぶつぶと何かが残っていてはつまらない。なんてことのない、単色のスープなのだけど、ひとさじ口にした時にほのかに鼻に抜ける香りや風味を感じる、という仕掛けが素敵なのである。

そして最後に最大のポイント。それは「水で作るスープ」ということ。もちろん鶏ガラのブイヨンなどがあればそれを使ってもいいけれど、むしろ**水こそが野菜の旨みを十分に味わえるスープに仕上げてくれる**。じゃがいもがやわらかくなったら、同じように攪拌してピュレにし、水や牛乳などでのばして出来上がり。

旅の思い出として残っている料理も、わたしはスープが多い。（中略）たったひとさじで、こんなにも食べ物のもつパワーを感じる料理はほかにあるだろうか、と思うほどに。（『パワースープ』「はじめに」より）

フランスで食べたものの思い出に、カリフラワーのポタージュスープがある。パリに住む友人ととても久しぶりに会うために訪れたあるレストランで運ばれてきたスープだ。寒い寒い冬の夜。息を切らして遅れてきた友人の、鼻の赤さまで覚えている。彼女は数日前にとても悲しいことがあって、わたしはどう慰めたらいいのか言葉もなかった。運ばれてきた真っ白なスープの器の底にはスモークパプリカの香りのチョリソが隠れていた。

「素敵な仕掛けだ」ひとさじ飲んで少しだけ笑った彼女の顔が忘れられない。

フランスで食べたカリフラワーのポタージュスープの作り方（2人分）

カリフラワー…1株
水…約1カップ
バター…40g
牛乳…1カップ半程度
塩…適量
チョリソ…2本

❶カリフラワーは小房に分け、水、バター、塩ひとつまみとともに鍋に入れ、ふたをして、ごく弱火でやわらかくなるまで15分ほど蒸し煮にする。
❷煮汁ごとミキサーでなめらかになるまで撹拌する。
❸②を鍋に戻し、牛乳を加え、弱めの中火で混ぜながら温め、塩で味を調える。
❹チョリソは薄い輪切りにし、フライパンでカリカリに炒める。ペーパータオルなどに取り、油を切る。
❺スープ皿に④を盛り、上から熱々のスープを注ぐ。

◎仕上げに生クリーム大さじ1を加えると、さらにコクが増す。またお好みでパプリカパウダーをふっても美味。
◎ペーパータオルと言えば、「超特厚シェルロール」が断然おすすめ。丈夫で、気持ちよい使い心地。www.e-cafeshop.comなどで。

じゃがいものポタージュスープの作り方（2人分）

長ねぎ（1cm厚さの小口切）…2本分
セロリ（薄切り）…½本
じゃがいも（皮をむき5mm厚さの半月切り）…2個
水…500ml
オリーブオイル…大さじ2
レモンの皮…1個分
レモン汁…少々
塩…小さじ⅔
仕上げのオリーブオイル・レモン汁…適量
飾り用のレモンの皮…適量

❶レモンは上下を切り、まな板に立て、ワタを除きながら包丁で皮をむく。
❷鍋にオリーブオイルを熱し、長ねぎを入れ、塩少々をしながらしんなりするまで炒める。セロリを加えしんなりしてきたら、じゃがいもを加え、全体がしっとりとするまで炒める。
❸水100cc、塩をひとつまみ、レモンの皮を加え、ふたをして弱火で10〜15分蒸し煮にする。
❹残りの水を加えて5分ほど煮る。
❺レモンの皮を取り除き、ミキサーでなめらかなピュレ状にする。
❻⑤を鍋に戻し、仕上げのオリーブオイルを加え、塩、レモン汁で味を調える。器に盛りつけ、レモンの皮をのせ、オリーブオイルをさっとまわしかける。

◎じゃがいもはメークインがおすすめ。

きんぴら

シャキシャキ感と微かな酸みがポイント

「きんぴら」という料理が好きだ。正式なきんぴらがどうでなければいけないのかは実のところよく知らないが、**なんでもかんでも「きんぴら風」にするのが好きである**。「きんぴら」の語源を調べてみたら、あの「金太郎（坂田金時）」の息子「坂田金平」からきているとある。わたしと苗字が同じなのになんだか笑ってしまった。

ごぼうとにんじんで作るきんぴらごぼうが一般的だが、わたしはにんじんは入れずにごぼうだけで作るのが好きだ。他にもピーマン、にんじん、セロリ、大根、れんこん、うど、きゅうり、いんげん、じゃがいもなどなど、なんでも一種類の野菜だけできんぴらにする。あとひと皿何か献立に足したい、などという時に、ささっとできるのでほぼ毎回登場する料理だ。今日はそのわたしの愛すべき料理のひとつ、きんぴらの話を。

きんぴらにする場合、わたしが大事にしているのは歯触り。それも**繊細な歯触りという**

のが好きだ。そのためには細い千切りにするのがポイントになる。ごぼうならば、皮をよく洗ってから斜めに薄く切り、そのあと細い千切りにし水にさらす。5〜6分さらす程度にして、水気を切っておく。ピーマンならば縦にふたつに割り、種を取り、横にして細切り。にんじんも斜めに薄く切ってそのあと細切り。斜めに切る場合は長さがあるように角度をつけて斜め薄切りにすること。長さがある千切りのほうが繊細になる。大根は皮だけでもいいし、すべてを使うのであれば、細切りよりも太めの拍子木切りにする。大根は細すぎると歯触りが残らずにしなしなになってしまうから。きゅうりの場合は縦に半分に切ってから種をスプーンなどで取り除いてから斜め薄切りに。じゃがいもはごく細い千切りがいい。それぞれの野菜の歯触りを想像しながら細さを決める。太めの拍子木切りのじゃがいものきんぴらも、ほくほくとした食感でこれもまた美味しいけれど、ここで大事にしたいのはとにかく歯触り。わたしの思うきんぴらは、シャキシャキとした食感を楽しむ料理に他ならない。

野菜の準備ができたらあとは炒めるだけ。種を取った赤唐がらし、じゃこ、時には黒こしょうや五香粉など風味を加えたりもする。干しエビが余っていたら加えてみたり、ごまを加えたり、黒ごまにしてみたり、ベーコンやナッツを加えたり、その時々の気分でいろいろに作れるのも楽しいところだ。

さて、炒める前に少しごま油の話を。ごま油は大きく分けるとだいたい3種類になる。

しっかりと焙煎した色の濃いごま油。それよりも焙煎が薄い金ごま油、そして焙煎していない太白ごま油。色の濃いほうがごまの香りが強い。それだけに少量でもかなり強くごま油の香りが立つ。わたしはほとんどの料理に金ごま油と太白ごま油を使用し、色の濃いごま油は限られた時にしか使用しない。ごまの香りが強く立ちすぎるような気がするからだ。

たとえばれんこんやごぼうなどの土の香りが強い野菜なら、色の濃いごま油で炒めて最後に黒酢を少々加えて味をまとめる、なんていうのも似合う。逆にれんこんを太白ごま油で炒め、塩と少量の醤油、みりんを加えて、最後にすだちやレモンを絞る、なんていうのもいいだろう。万能に使えるのが金ごま油。香りはちゃんとあるけれどしつこすぎない。太白ごま油ほど淡白すぎもしない。

さあ、フライパンにごま油を熱し、炒めていこう。少し火が通ってきたところで、酒、醤油、みりんをほぼ同量加えて、水気がほとんどなくなるまで炒め合わせる。野菜はそれぞれ火の通りやすさが違うから、ごぼうやれんこんならば、調味料の水分がなくなるまで炒めても歯触りはシャキシャキ。きゅうりみたいにさっと炒めれば十分という野菜なら、調味料は少なめにしておかなければいけない。**フライパンに調味料の水気がほとんどなくなっても、野菜にはシャキシャキとした歯触りが残っている、というのがいい。**いんげんならば生のまま縦に半分に切り、長さを半分くらいにしたあと、多めのごま油で少し揚げ

るように炒める。そうすると、かたい皮がサクサクとした歯触りになるから、そこまできたら余分な油を切り、調味料を加える。きんぴらの調味料は前述したように、酒、醤油、みりん。それだけ。

炒めているそばから懐かしいようないい香りがして、白いごはんが恋しくなる。そして**炒め終わりに、何か酸みを加えるというのがわたし流**。黒酢、香酢、シェリービネガー、赤ワインビネガー、レモン、すだちなどの柑橘。特にシェリービネガーは、きんぴらには最高のお酢だと思う。土っぽい香りのあるこのビネガーは醤油の風味にもとてもよく合うし、最後にジャッとまわしかけてみると、とたんにいい香りが蒸気になって立ち上って、きんぴらにすばらしい輪郭を与えてくれる。シェリービネガーは火を通して使うべし。これもよくわたしが料理教室で言っていることだ。

最後に加える酸は、酸みをつけるものではない。醤油、みりんの味を立たせて、きりりっと味をまとめるためのもの。なので本当に少量でいい。もしもあまり使っていないビネガーや黒酢などがあれば、ぜひこの時とばかりにきんぴらの仕上げに使ってみてほしい。ポイントは火を止めず、強火で、最後の仕上げに、さっと少量まわしかける程度。その時はフライパンがカンカンに熱いこと。**一気に蒸気になるくらいに熱いところに加えるのが絶対だ**。

あとは白い炊きたてのごはんにお味噌汁があればそれでいい。ふだんの休日の朝ごはんはほとんどこれ。何種類かのきんぴらをそれぞれお皿に盛りつけて並べるだけでとっても満足感が得られるのだもの。

シャキシャキ、ごはんをもぐもぐ。またシャキシャキ、この軽快なリズムの朝食はわたしに元気をくれるのだ。もちろん、残ったきんぴらをタッパーにそれぞれ入れて、夜は小さなお皿に少しずつ盛って並べるのも好き。晩酌にもしっかりと寄り添ってくれる。

「きんぴら」の語源は、食感のシャキシャキや唐がらしのピリッとした辛さを坂田金平の強さや勇ましさにたとえた、とあるけれど、確かにこの歯触りはモリモリとごはんを食べたくなるような、そんな勇ましさがある。でも誰もが懐かしく感じるような人懐っこい優しさもある。いいなあ。強くて勇ましく、そして人懐っこい。坂田金平のような料理。「きんぴら」がとても好きだ。

ごぼうのきんぴらの作り方（作りやすい分量）

ごぼう…½本
金ごま油（またはごま油）…大さじ2
酒、醤油、みりん、老陳酢…各大さじ1

❶ごぼうは斜めに薄切りにしたものを縦に千切りにし、水にさらしてアクを取る。
❷中華鍋（またはフライパン）にごま油を熱し、水気を切ったごぼうを強火で炒める。
❸火が通ったら、酒、醤油、みりんをまわしかける。
❹調味料の汁気がなくなったら、仕上げに老陳酢をかける。
◎老陳酢は中国の酢。酸みはまろやかでコクがある。なければ黒酢でもＯＫ。

ピーマンのきんぴらの作り方（作りやすい分量）

ピーマン（縦半分にしておく）…４個
じゃこ…15ｇ
金ごま油…大さじ２
酒、醤油、みりん…各大さじ１
五香粉…小さじ⅓

❶ピーマンは種とヘタを取り、横に千切りにする。こうするとふわりとした口当たりになる。
❷中華鍋（またはフライパン）に金ごま油を熱し、じゃこを入れ、カリッとするまで強火で炒める。
❸五香粉を加えて炒め、香りが立ったら、ピーマンを入れ、ざっと炒め合わせる。
❹酒、醤油、みりんをまわしかける。
◎酒、醤油、みりんはきんぴらの基本の調味料、味の変化はそれにプラスすると考えて。

にんじんのきんぴらの作り方（作りやすい分量）

にんじん…2本
金ごま油…大さじ2
酒、醤油、みりん、米酢…各大さじ1
白いりごま…適量

❶にんじんは皮をむき、薄い斜め切りにしたものを、縦に千切りにする。
❷中華鍋（またはフライパン）に金ごま油を熱し、にんじんを強火で炒める。
❸にんじんがしんなりとしたら、酒、醤油、みりんをまわしかける。
❹調味料の汁気がなくなったら、米酢をまわしかける。味をみて物足りなければ塩（分量外）で味を引きしめる。
❺仕上げに白いりごまを加え、ざっと炒め合わせる。

じゃがいものきんぴらの作り方（作りやすい分量）

じゃがいも（メークイン）…2個
太白ごま油…大さじ2
酒、醤油、塩…各適量
ゆずやすだちの果汁や米酢…各適量

❶じゃがいもは細い千切りにして水にさらし、し

ばらくしたらざるに取る。何度か水を替え、シャキッと仕上げる。
❷中華鍋（フライパン）に太白ごま油を熱し、じゃがいもをさっと炒め、酒、醤油、塩をまわしかける。
❸仕上げに柑橘果汁や米酢で味を引きしめる。
◎調味料の分量はお好みで。わたしは醤油を少しにして、あっさり仕上げる。

れんこんのきんぴらの作り方（作りやすい分量）

れんこん…大きめ1節
厚切りベーコン…60g
オリーブオイル…大さじ2
酒、醤油、みりん、シェリービネガー…各大さじ1
塩…適量
黒こしょう…適量

❶れんこんは縦に切り、大きめにたたき、水にさらしてざるに取る。ベーコンは1㎝幅に切る。
❷中華鍋（フライパン）にオリーブオイルを熱し、ベーコンを入れ、軽く焦げめがつくまで炒める。
❸れんこんを加えて炒め、酒、醤油、みりんをまわしかけて塩で味を調える。
❹シェリービネガーを加え、強火で炒め、仕上げに黒こしょうをひく。
◎れんこんの切り方はお好きな形に。きんぴらだから千切りと考えず、いろんな切り方で楽しんで。

いろんな料理がすぐにできる
万能作りおき

牛すね肉をゆでる

明日は友人がごはんを食べに来る。さて、何を作ろうか。そんな時にとりあえず私がやることは、「牛すね肉をゆでる」ことだ。牛すね肉をゆでる。たっぷりと2キロほど。圧力鍋を使えば20分きっかり。これさえやっておけば意外となんとかなる。いや、すばらしい助っ人になる。牛すね肉をゆでる、となると時間がかかるので億劫に思われるかもしれないが、そんな時こそ圧力鍋というのが最高に役に立つ。圧力鍋というと、この鍋ひとつでシチューやカレーが出来上がるイメージを持つ方も多いかもしれないが、わたしはきっぱりと言いたい。

「圧力鍋は料理の下ごしらえに使うべし!」

丸ごとのじゃがいもを蒸すのに約2分。牛すね肉をほろほろにするのに20分。その時間で他の料理のことをすればいいし、なんていったって気軽。20分なら毎日だって牛すね肉をゆでたくなる。だから下ごしらえのための圧力鍋は本当に万能だと思うのだ。残念だけ

ど圧力鍋ひとつだけでは「美味しい料理」は出来上がらない。旨みを出すための「炒め」や「蒸し煮」、そして「煮詰める」が難しいからだ。それはまたどこかでお話ししたいと思う。

さて、牛すね肉に話を戻そう。ほろほろにやわらかくなった肉と旨みたっぷりのすね肉のだし汁。このふたつがあればいくらでも料理が浮かんでくる。今日はとっておきのビーフカレーにしよう。そう思いついたなら、「ビーフカレー」でお話したように、ここからカレー作りを始めればいい。ボルシチもいい。これも「牛すねの肉ボルシチ」にてまた詳しくお話ししたい。

今日はまず前菜のお話を。

のんべえが集まるような日なら、まずはやわらかくゆで上がったすね肉のみを使う。たとえばわたしがよくやるのはコールドビーフ。ゆでたすね肉は塊のまま冷たく冷やしておき、ハムのように薄く切る。マスタードをベースにしたビネグレットソースを添えるだけ。

これによく合わせるのはセロリとじゃがいもを細い千切りにしたサラダ。「じゃがいも？」と思うかもしれないが、これが歯触りも軽快な素敵なサラダになる。じゃがいもはでんぷんの少ない新じゃがが最高だけど、メークインでもいい。皮をむいてごく薄切りにしてから細く細く切る。この「細く細く」というのがとても大切なので、ここはゆっくりでもいいからそうしてほしい。スライサーを使っても構わない。わたしは薄く薄く切るところまではスライサーで、そこからは包丁でトントントン！と一気にやってしまう。必ずスライサーで切った厚さと同じ幅で千切りにしてほしい。じゃがいもの切り口が細いマッチ棒のように正方形であることが大切だ。ボウルにたっぷりと水を張り、切ったそばから水に放す。全部切り終えたら時々水を替えながら30分ほどさらす。つまりでんぷんをなるべく取り除いてしまいたいのだ。そうすると驚くほどにじゃがいもがシャキシャキの食感になる。ざるに取ったら真ん中を少し空けて、全体に薄く広げる。できるだけ大きい盆ざるなどが便利だ。シュンシュンに沸騰した熱湯をゆっくりとまわしかけると、じゃがいもがみるみる透けていく。流水でぬめりを洗い流してしっかりと水気をしぼればシャキシャキじゃがいもの出来上がり。

同じく細い細い千切りにしたセロリは水にさっとさらしてこちらもシャキッとさせる。じゃがいもとセロリをふんわりと合わせてお皿にたっぷりと敷く。牛すね肉の薄切りをここに並べ、ビネグレットソースとパセリを添える。簡単なのにボリューム感も満点で気の利いた前菜になる。薄切りにした赤玉ねぎを加えるとさらに美しい。

もうひとつ好きなのが韓国風の前菜。コールドビーフに添えたのと同じじゃがいもとセロリのサラダをたっぷりとボウルに入れて、ゆでた牛すね肉をほぐしながら加える。太白ごま油、米酢、粗塩、にんにくのすりおろしをほんの少々、そして醤油も少しだけ加えて

ざっくり和える。米酢をレモン汁にしてもいいし、別のお酢でもいいと思う。ポイントは**必ず手で和えること**。細い千切りのじゃがいもやセロリ、そしてほぐした牛すね肉がしっかりとなじみ、調味料がすべてに行きわたっている、というのを手のひらで確かめるようにして和える。仕上げに白こしょうをたっぷりと。これも私の定番かつ人気の前菜だ。

そして最後にもうひとつ。いつも作り方を聞かれる一品がある。本当は内緒にしておきたいくらいだけど、こちらもご紹介しよう。「牛すね肉と赤玉ねぎのサラダ」、わたしの店でも人気のサラダだ。圧力鍋でやわらかくゆでたすね肉を鍋にぽん。そこに赤ワインビネガーをたっぷりと注ぐ。まず強火にかけて赤ワインビネガーをわっと煮立てる。コホコホとむせかえるほどのお酢の香りが立ちこめる。この香りが落ち着いてきたら、はちみつ、砂糖、塩を加え、弱めの中火にしてほとんど水分がなくなるまで煮詰める。赤ワインビネガーたっぷりに砂糖とはちみつもかなりたっぷり。これを煮詰めると砂糖は少しカラメル化し、煮詰めたビネガーと合わさるとなんとも深い旨みが生まれる。すね肉はさらにほろほろにやわらかくなる。このすね肉を大きめにほぐしてボウルに移し、さっと揚げた赤玉ねぎを加えて、塩とパセリでざっくり和えれば完成。赤玉ねぎはさっと揚げるだけで辛みがなくなり、嘘みたいに甘みだけが残る。シャキッと歯触りを残すくらい、本当にさっと揚げること。すね肉はホワホワと湯気が立つくらいの温かさで、揚げたての赤玉ねぎを合わせる人肌が身上。このサラダは温かいのがいい。

すね肉さえゆでておけば、まだまだいくつも料理が浮かぶ。たたききゅうりを添えてからし醤油で食べたっていいし、なますと合わせたベトナム風のサラダもおすすめ。とにかくとにかく牛すね肉は万能選手なのだ。

さて、これらの前菜を作る場合、お鍋にはたっぷりとゆで汁(だし汁)が。カレーやボルシチならこれも全部使ってしまうのだが、今日はここから、最後に食べたいちょっとしたシメの料理へ。

大根の千切りをたっぷりたっぷり入れて大根スープ。キムチを添えても美味しい。

トマトを加えて少し煮詰めると、ちょっとお手軽なコンソメスープ。

塩とお酢で味を調えて、そうめんで冷麺風に食べるのもいい。

冷蔵庫に入れて取っておけば、いざという時にもとてもいい。

私の店では牛すね肉を本当によく使うので、余ったゆで汁スープは賄いにもまわる。

トマトを加えて煮詰めたスープに、牛肉とセロリを炒めて乗せるセロリー麺。

下ゆでしたこんにゃくと大根、ゆで卵をゆっくりと煮ておでん風。

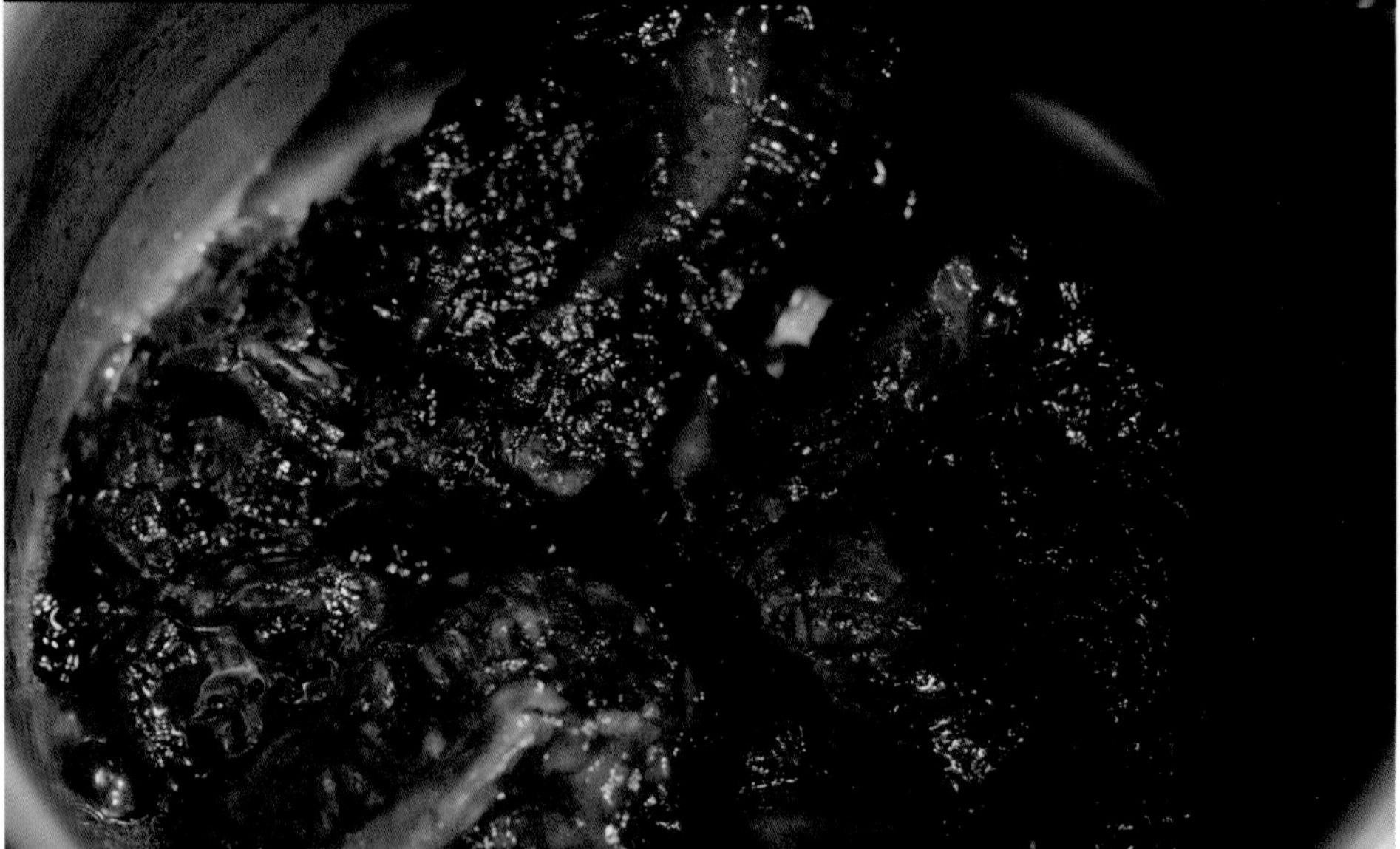

牛すね肉というと、時間がかかってなんだか面倒くさそう、とかつてわたしも思っていた。今ならこれもメガホンを片手に持って大きな声で叫びたい。「牛すね肉って最高の味方だ!」、そう、圧力鍋とともに。

この間の休みに、わたしはまたもや牛すね肉をドカンと買い込んだ。ちょっと疲れが出始めた自分へのビタミン補給にボルシチを作るためだ。この続きはまたあとで。

◎牛すね肉のゆで方はP58、146参照。ゆで上がった牛すね肉は、汁につけて保存する。　◎冷ますと脂が汁の上でかたまるので、取り除く。

ゆでた牛すね肉を使って①

コールドビーフの作り方(写真P132)

ゆでた牛すね肉…800g〜1kg
セロリ…1本
じゃがいも(メークイン)…1個
赤玉ねぎ…¼個
パセリ…少々

◆ビネグレットソース
牛すね肉のゆで汁(だし汁)…大さじ1
マスタード…大さじ1

赤ワインビネガー…小さじ2
砂糖…小さじ2
塩…小さじ1
白こしょう…少々
オリーブオイル…大さじ4

❶セロリは斜めにごく薄切りにしたあと千切りにして水にさらす。赤玉ねぎはごく薄切りにして水にさらす。

❷じゃがいもはごく薄切りにしたものを千切りにして水にさらす。何度か水を替え、でんぷんを十分に落とし、ざるに広げて透き通るまで熱湯をかけ、流水でぬめりを流し、しっかりと水気を絞る。

❸①の野菜はしっかり水気をきり、②とボウルで混ぜ合わせ、皿に盛りつける。

❹ビネグレットソースの材料を混ぜ合わせておく。

❺パセリはみじん切りにして水にさらしたあと、ペーパータオルで水気をしぼっておく。

❻牛すね肉は2㎜厚さに切って③の皿に並べ、④のソースをかけ、⑤のパセリを散らす。

ゆでた牛すね肉を使って②

韓国風前菜の作り方（写真P133）

ゆでた牛すね肉…お好みの量
じゃがいも（メークイン）…1個
セロリ…½本

金ごま油または太白ごま油…大さじ1～2
すりおろしたにんにく…少々
粗塩、米酢、白こしょう…各適量
醤油…少々

❶牛すね肉は手で食べやすい大きさにほぐす。
❷セロリは斜めにごく薄切りにしたあと千切りにして水にさらす。
❸じゃがいもはごく薄切りにしたあと千切りにして水にさらす。何度か水を替え、でんぷんを十分に落とし、ざるに広げて透き通るまで熱湯をかけ、流水でぬめりを流し、しっかりと水気を絞る。
❹セロリは水気を切って③とボウルに入れる。①の牛すね肉も入れ、ごま油、粗塩、にんにく、米酢、醤油の順に加え、手でよく和える。仕上げに白こしょうをふる。

ゆでた牛すね肉を使って③

牛すね肉と赤玉ねぎのサラダの作り方（写真P137）

ゆでた牛すね肉…300g
赤玉ねぎ…½個
赤ワインビネガー…200mℓ
はちみつ…大さじ4
砂糖…大さじ2～3
塩…適量
米酢、黒こしょう…各適量
パセリのみじん切り（お好みで）…大さじ1

❶赤玉ねぎはくし切りにしてさっと揚げ、油を切っておく。
❷ゆでた牛すね肉を塊のまま鍋に入れ、赤ワインビネガーを注ぎ、強火にかける。
❸水分が蒸発してきたら、はちみつ、砂糖、塩を加え、カラメル状にねっとりするまで煮詰める。焦げつきやすいので気をつけて。
❹③の牛すね肉を食べやすい大きさにほぐして、①の赤玉ねぎとともにボウルに入れ、米酢、黒こしょうで和える。
❺皿に盛り、パセリのみじん切りをふりかける。
◎パセリのみじん切りはP139のレシピの手順⑤を参照。
◎最後にオリーブオイルで仕上げても美味しい。

おまけレシピ

何度も繰り返し作っている大好きなたれに四川だれがあります。牛すね肉はもちろんのこと、豚薄切り肉や蒸し鶏などにも。熱々に熱したごま油をジャッと合わせると、香ばしい唐がらしと花椒の香り。ゆでた牛すね肉がまた新しい味わいで楽しめます。

牛すね肉とにんじんの和え物の作り方（写真P141）

ゆでた牛すね肉（粗くほぐす）…300g
にんじん（千切り）…1～2本
香菜（1㎝ほどに切る）…1束

◆四川だれ
花椒…小さじ1
白いりごま…大さじ2
粉唐がらし（絹びきがよい）…小さじ1
すりおろしたにんにく…少々
塩…小さじ½
太白ごま油か金ごま油…大さじ2
米酢…大さじ1
醤油…大さじ1と½
ラー油（お好みで）…少々

❶すり鉢で花椒をすり、白ごまを加えてさらにすり混ぜる。粗めの粉状になったら、粉唐がらしとすりおろしたにんにく、塩を入れる。
❷鍋にごま油を熱する。煙が出るくらいまで高温にし、そのまま一気に①に加える。
❸さらに米酢、醤油、お好みでラー油を加え、四川だれの出来上がり。
❹にんじんと牛すね肉を四川だれで和える。香菜を加え、ざっくりと混ぜる。

ゆで肉のすべてを
野菜の旨みと合わせる

牛すね肉のボルシチ

牛すね肉を見かけたら、目的はなくともとりあえず買い求め、ゆでてしまう。わたしは2週間に1回は、休みの日に牛すね肉をゆでている(笑)。前菜にしたり、ゆで汁(だし汁)スープでうどんにしたりと、ささっと済ませる食事にとにかく便利なのだ。しかし何はともあれ、牛すね肉なしでは始まらないのが「ボルシチ」。牛すね肉のゆで汁の旨みを一番生かせる料理であると思う。このボルシチは、ウクライナ出身の、あるおばさんのレシピだ。その時初めて、ボルシチの作り方を最初から見た。ボルシチはきっとロシア地方の人たちにとっては日本の味噌汁のようなもの。家庭や地方で具材も作り方も味つけも少しずつ違うという。わたしはこのおばさんのボルシチしか知らないのだが、日本のどこで食べるボルシチよりもこれが好き。ぜひみなさんにもご紹介したい。

まずは牛すね肉をゆでる。繰り返して書いておこう。牛すね肉はたいてい輪切りになった状態で売られているので、それを1キロ分買い求め、そのまま圧力鍋へ。塩もしない。水を加えてふたをし、20分加圧する。普通の鍋で煮る場合も鍋にそのまま入れて水を加え、最初は強火にかける。沸騰してアクが出てきたら丁寧に取り除いて、今度は弱火にし、コトコト1時間半から2時間ほど煮る。セロリや玉ねぎなどの香味野菜を一緒に煮てもいい。だが香味野菜を一緒に煮ると、スープに香りがつくので、多少その後のアレンジがしにくくなる。わたしはあえて何も加えず牛すね肉と水だけで煮るのをおすすめする。すね肉のにおいが気になる、という方は香味野菜を加えて煮るのもいいと思う。

ほろほろになったすね肉、そしてゆで汁。これがボルシチのベースになる。野菜は、少したっぷりめのにんにく、玉ねぎ、にんじん、セロリ、キャベツ、トマト、そしてビーツ。いろんな野菜がたっぷり入るが、ビーツ以外は冷蔵庫に残っていたりすることが多いので、わたしは折を見て冷蔵庫の掃除も兼ねてこれを作る。半端に残っていた野菜をすべて使い切れて気持ちがいい。さあ、あとはとてもシンプルな作り方。ボルシチに挑もう。

鍋にたっぷりとバターを溶かす。このバターは出来上がった時に奥深いコクを感じる大切な要素。たっぷりと溶かしてにんにくをまずは炒める。野菜は千切りに。野菜がゴロッとしていない、スプーンですくったひと口にすべての野菜が一体となって入っているのだ。香りが出てきたら玉ねぎ、セロリを加えて白くしんなりと旨みを出すように炒めよう。この時、軽く塩をして水分を出しながら炒めるとやりやすい。どんどん野菜が多くなってくるので、まずは旨みと香味を出しやすい玉ねぎとセロリから炒め、その後、にんじん、キャベツを加える。鍋の中の蒸気を抱き込みながら野菜はどんどんしんなりしてくる。ここでビーツを加える。ビーツは簡単にはしんなりとはしないので、全体に鮮やかなピンク色になるまで炒めればよい。最後にざく切りにしたトマトを加えて全体をざっくりと混ぜたら、ここからはふたをしてごく弱火にして蒸し煮。野菜のサウナ状態を作るのだ。スープや煮込みを作る時には必ず野菜のサウナにする。**少ない水分の中でじっくりと蒸し煮にして、野菜にじわじわと美味しい汗をかかせると、出来上がりの旨みがぐんと増す**。美味しいスープを作るために欠かせない作業だ。ハアハアとサウナルームで汗をかかせた野菜たちの味は香りも甘みも強くなることを感じていただけると思う。

この時、ごく少量の牛すね肉のゆで汁を加えても構わない。もし鍋の中に野菜の水分がかなり出ていたらそのままふたをして蒸し煮。水分があまりなければ、ゆで汁を少し加えて蒸し煮。とにかく焦げついたりしないように気をつけて、15分サウナタイムにする。

さあふたを開けてみよう。全体がしっかりとビーツ色に染まり、野菜はほんわかと汗をかいている。わたしならすぐにでも水風呂に飛び込みたい。ここで牛すね肉のゆで汁を加える。ざっと一気に加えて構わない。ここでさらに全体がなじむまで15~20分コトコトと煮る。味見をしてみたらまずびっくりすることと思う。ビーツの香り、それぞれの野菜の旨みと甘み、にんにくとバターがスッと柱のように立ち、すね肉の旨みが全体をひとつにまとめる。本当に美味しいと感じていただけるのでは。ここで少し細かくほぐした牛すね肉を加え、軽く煮たら最後に塩で味を調える。

鮮やかなビーツの色をした、見た目よりもはるかにコクと旨みが溢れている、とっておきのボルシチの完成だ。

LE CREUSET

これを教えてくれたおばさんは、ボルシチはとにかく熱々を食べなくちゃ！と言っている。

器は必ず温めてほしい。熱湯に通すか、軽くオーブンに入れるか、とにかくお皿が熱くなくては。さっきまでグツグツとしていたボルシチをたっぷりと注いだら、急ぎ足でテーブルへ。各自が好きなようにサワークリームとディルを添える。サワークリームが少しずつ溶け出して混ざり合う味も格別。必ず添えてほしい。

わたしはなぜか、いや、わたしだけでなくこのボルシチをご馳走した方々もみんな、これをひとさじ口にしたあとは目をつぶる。そして必ず言うんですよ。

「う〜ん」ってね。

牛すね肉のボルシチの作り方（4〜5人分）

牛すね肉……1kg
水……2.5ℓ
にんにく（みじん切り）……大1片
玉ねぎ（薄切り）……1個
にんじん（千切り）……1本
セロリ（斜め薄切り）……1本

キャベツ(千切り)…4枚
ビーツ(千切り)…2~3個
トマト(ざく切り)…中2個
バター…50g
塩…適量
サワークリーム、ディル…各適量

❶圧力鍋に牛すね肉と分量の水を入れ火にかける。圧力がかかったら弱火にして20分加圧し、火を止める。鍋の場合、分量の水に肉を入れ沸騰したら、アクを除きながら弱火で1時間半ほど煮る。途中水が少なくなったら足す。
❷鍋にバターを熱し、にんにくを入れて香りを立てる。玉ねぎ、セロリを加えて炒め、さらににんじん、キャベツを入れて、塩を加えながら炒める。
❸全体がしんなりとしてきたら、ビーツとトマトを加え、炒め合わせる。ビーツの色が全体になじんだら、ふたをして15分ほど弱火で蒸し煮にする。この時、水分が少ないようなら①のゆで汁少々を加え、焦げつかないようにする。
❹①のゆで汁1.5ℓを注ぐ。40~60分ほど弱火で静かに煮る。
❺①のすね肉を大きめにほぐし、④に加える。さらに10分ほど煮て、塩で味を調える。
❻盛りつけて、サワークリームとディルを添える。
◎わたしはボルシチをごはんに合わせるのが好き。雑穀ごはんが特におすすめ。

卵1個で気軽に作る
マヨネーズとウフマヨ

子供のころ、マヨネーズが大嫌いだった。酸っぱくて甘いものは全体的に苦手だった。だからケチャップも好きではなかったし、マヨネーズを使ったサラダの代表選手、ポテトサラダにもあまり興味がなかった。

でも、いつも家族で通っていた洋食屋のコンビネーションサラダについてくるポテトサラダは大好きだった。具材も玉ねぎだけしか入らない、じゃがいもとマヨネーズのサラダ。同じくコンビネーションサラダについてくるゆで卵に、たっぷりと添えられたマヨネーズもびっくりするほどに美味しい。なぜだ。なぜこんなに美味しいのに、同じマヨネーズという名前なのか?!　わたしはいつも不思議に思っていた。

そして、もうひとつ。母はマカロニサラダを作る時だけマヨネーズを手作りする。父がマカロニサラダ好きだったこともあるが、母の父、わたしの祖父も大のマカロニサラダ好

きで、祖母はマヨネーズを手作りしてマカロニサラダを作っていたからだと言う。つまり祖母のレシピを母が受け継いで作っていたのが、この手作りマヨネーズのマカロニサラダだ。材料はマカロニ、玉ねぎ、きゅうりとゆで卵。小さなボウルにその時に全部使い切るだけの適量のマヨネーズをシャカシャカと作る。

出来上がったマヨネーズにさらした玉ねぎやきゅうりなどをどんどん加えてそのまま和える。ガラスのボウルの中で繰り広げられるその料理は、わたしを釘づけにしたものだ。そのマヨネーズはかなり甘く仕上げられ、それも祖父の好みだったという。わたしもこのマカロニサラダは大好きだった。

つまりはこういうこと。**手作りするマヨネーズは最高に美味しい。**

わたしの作り方をご紹介しておこう。

まずボウルに卵黄を溶く。ここに米酢を加えて混ぜるが、決して多く入れない。酸味をあまり感じないくらいのマヨネーズに仕上げるのがおすすめだ。グッとまろやかさを感じることができる。そこにディジョンマスタード。これはほのかな酸みや辛み、まろやかさを加える。乳化も助けるのでぜひ使ってみてほしい。塩をひとつまみ。塩や酢などはあとからでも調整できるので、最初は控えめにしておくこと。ここにオイルを少しずつ加えて乳化させていく。ここでひとつめのポイント。**オイルはクセのないあっさりしたものを。**

もちろんこれは好みだからオリーブオイルだけで作ったって構わない。でも、オリーブオイルの香りや苦みや辛みなどのクセはけっこう強い。パンチのあるマヨネーズになる。なので、ほとんどのオイルを綿実油や米油などクセのない油にして、仕上げにオリーブオイルなどを香りづけ程度に使うのがおすすめ。あっさりしていて優しいマヨネーズになる。

さあ、どんどんマヨネーズ状になってきて、オイルが入れば入るほど、状態はかたくなる。まだ入れるべきオイルが半量以上残っているのに、どんどんかちかちとかたくなってきて入れにくいよ〜となってくる。そこで登場するのが……パンパカパーン！　マヨネーズ作りのふたつめの大事なポイント、熱湯だ。ここに熱湯を大さじ1ほど入れると、あら不思議。かちかちのマヨネーズはふっと解け、白っぽくなり、泡立てを続けると空気を抱き込むようになるからふわふわと軽くなる。そこにさらに残りのオイルを加えていく。分量のオイルがすべて入るまでに、わたしはいつも大さじ3〜4ほどの熱湯を加えて作る。**熱湯を入れるたびにふわっと軽くなり、そして乳化も強まる。**

これ、騙されたと思ってぜひとも試してみてほしい。ふわっとマヨネーズがゆるむ瞬間は、張り詰めていたマヨネーズを「よしよし」と褒めてあげたくなるほどだ。すべての分量のオイルが入ったら、あとは仕上げのオリーブオイル、そして砂糖を加える。この砂糖を加えるのは母譲り。わたしにとってはどこか懐かしいマヨネーズになる。最後のポイン

トはレモン汁。これも仕上げに少しだけ加えると、急にさわやかな香りになって、手作りならではのマヨネーズになる。味をみて塩や白こしょうなどで味を調えよう。これにて出来上がり！

マヨネーズを家で作る時は、母の真似をして、ほとんど使いきれる量しか作らない。いつも作りたてを食べきってしまう。それが実のところおすすめだ。保存はどのくらいできますか?って料理の仕事をしているととてもよく聞かれるのだけど、たっぷり保存用も作ろうと思うと、その分、骨も折れるし時間もかかる。でもいつでも冷蔵庫に必ずある材料で出来上がるマヨネーズなら、**思い立った時にシャカシャカと少ない量を作るのもいい**。

この間、店の仕事を終えて疲れた足を引きずりながら帰った日も、わたしはそれを実践した。体はくたくた。でも明日はお休み。冷蔵庫には白ワインが冷えている。卵を2個ゆでながら、卵黄1個分でマヨネーズを作った。シャカシャカシャカシャカ……。オイルを少しずつ加えていくたびに、なんだか少し楽しくなってくる。まだ少し温かいくらいのゆで卵に、出来たてのマヨネーズをたっぷり乗せた。

グラスも冷やしておいて、とっておきのシャルドネを1杯。自分のために、本当に自分のためだけに作る料理。温かいゆで卵と作りたてのマヨネーズ。深夜の最高のウフマヨだった。

マヨネーズとウフマヨの作り方（作りやすい分量）

卵黄…1個分
米酢…大さじ1
塩…適量
サラダ油…400㎖
熱湯…適量
オリーブオイル…50㎖
砂糖…小さじ4～5
ディジョンマスタード…小さじ2
レモン汁、白こしょう…各適量
ゆで卵…2個

❶ボウルに卵黄を溶きほぐし、酢を少しずつ入れ、泡だて器でよく混ぜる。
❷ディジョンマスタードと塩ひとつまみを加えて混ぜる。
❸サラダ油を少しずつ細くたらし入れながら混ぜ続け、乳化させる。
❹かたくなって混ぜにくくなったら、熱湯小さじ1程度を加え、ゆるませる。再びかたくなったらこれを繰り返す。
❺サラダ油が全量入ったら、オリーブオイル、砂糖、レモン汁で風味をつけて混ぜ、塩、白こしょうで味を調える。
❻皿にマヨネーズを少ししいて、半分に切ったゆで卵を盛りつけ、その上にたっぷりとマヨネーズを盛る。

◎卵黄1個分のマヨネーズなら15分ほどで出来上がる。作りたてをどうぞ。

パンの種類、塗るもの、挟むもの…

すべてを計算する

サンドイッチ

サンドイッチとは「端正」でなければいけない。

料理の中でもっとも「端正」であるもの。それはサンドイッチなのだ。

美しく整えられ、重なり合った具材には計算された美味しさの理由がなければならない。

何も考えずに安易な気持ちでサンドイッチを作ってはならない。

ハッとするほど美味しいサンドイッチには、いくつも積み重ねられた工程があるものなのだ。

［きゅうりのサンドイッチ］
イギリスのティータイムに出てくるような、キリッと薄くて小さなサンドイッチを作ろう。**香り高く淹れた紅茶に合うサンドイッチをイメージすること**。
パンは薄切りの四角い食パンで作るべきだ。きゅうりの水分をパンに移さないためにバ

ターを塗る。そのバターは無塩のものを使うと味の調整がしやすい。きゅうりにはからしバターが合う。この時使うからしはできればイギリスのコールマン社のものが好ましい。手に入らなければ和がらしで代用するが、辛みが強いこともあるので量を調整する。バターは必ず室温でやわらかくしたもの。少々かたくたって塗れれば大丈夫などと決して考えてはいけない。

きゅうりの準備をする。サンドイッチをどう切るか、ということを考えて、美しい切り口になるための切り方を心がける。食パンの幅に合わせてきゅうりを切り、それを薄く切っていく。バットに並べ、白ワインビネガーをふりかけて少し置く。この酸みがこのサンドイッチにキリッとした輪郭をもたせる、大事な要素のひとつ。

食パンの片面にからしバターを塗る。この時、**必ずパンの端っこまでバターを塗ること**。たとえ耳を落とすにしても、端までしっかり塗ることが美味しさとサンドイッチの端正さを作るのだ。さらにマヨネーズを薄く塗る。これは好み。からしバターだけのきゅうりサンドもまたオツなものである。

きゅうりを並べていく。少しずつずらしながらぎっしりと重ねていき、もう1枚の食パンでサンドする。

軽く手のひらで押さえたら、しっかりときつめにラップで包んで冷蔵庫で15分ほど寝かせる。決して長い時間、寝かせないこと。きゅうりの水気が出てきてしまうこと、またきゅうりが冷たすぎるのもいけない。

さあ、いよいよサンドイッチを切る。ここは非常に大切な作業になる。端正なサンドイッチに仕上げる最終要素だ。間違えてもパン切り用の波刃の包丁などを使用してはいけない。やわらかいパンがガタガタになる。**よく切れる包丁を温めながら切ろう。**

まずは食パンの底（一番まっすぐな面）を右端にして置き、耳を切り落とす。そのあと90度回転させるが、必ず自分とパンが平行になるように置くこと。パンが斜めになったり曲がっていてはいけない。そしていつも右端の耳を切り落とす。一辺を切ったら必ず濡れたふきんで包丁をふき、冷めていたら温め直して切るとさらによい。

すべての耳を切り落としたら、できれば定規を使って縦横の長さを測り、等分になるように切り分ける。十字に4等分にするのなら縦横を2分割に。横に3等分、または4等分などサイズは自由だが、必ず測って同じ長さに切り分けることが重要である。

さあ、美しく切り分けたらお皿に盛りつける。きゅうりの美しい断面がうっとりするような端正さで並んだであろう。ここで大切な要素をもうひとつ。サンドイッチの断面に軽く塩をふる。これは好みであるので、個人にお任せしても構わないが、きゅうりのサンドイッチの場合は、ぜひとも塩をふってお召し上がりいただきたい。

になる。

［ポークマリネのトーストサンド］

トーストしたイギリス食パン３枚で作るボリューム感のあるサンドイッチ。食材の重なりや組み合わせ、３枚のパンに塗る調味料をきちんと考えて作ることが重要になる。

このサンドイッチはわたしが学生のころから通い続けたある喫茶店のメニューである。幾度となくこのサンドイッチをオーダーしては、その構造を研究してきた。そうしてたどり着いたレシピを紹介しよう。

パンに塗るものは、バター、マヨネーズ、ケチャップ。バターだけのパンもあるし、マヨネーズとケチャップを重ねて塗るパンもある。この3枚のパンで構成されるサンドイッチは、塗るものと重なる食材との関係が大事だ。挟むものは、豚肉のマリネ。これはケチャップとウスターソース、醤油を合わせたベースに、さっとゆでた豚肉とシャキシャキの玉ねぎを漬ける。他にきゅうり、トマト、レタス、そして卵。卵は目玉焼きのように焼いて挟むのだが、**必ず黄身をこわしてマーブル状に焼き上げる。どこをかじっても黄身と白身を味わうためだ。**サンドイッチに挟む焼き卵はこうでなくてはならない。

パンと塗るものの順番、挟む順番、少々ややこしいけれど、この通りに作ってみてほしい。ひと口食べたら、きっとその理由がわかってもらえると思う。ボリュームはたっぷり。

でも断面はやはり端正であること。具材を均一の薄さに切ることが大切になる。

［オムレツサンド］

その日に焼き上げられたふんわりとしてプツンとした歯切れの食パン、必ず8枚切りを用意する。

塗るものはマヨネーズだけ。あとは卵と塩。それだけでいい。オムレツは半熟すぎると端正ではなくなる。ふんわりと焼き上がって中はある程度形を保ったオムレツに仕上げること。また卵は塩味が効く素材であることも忘れてはならない。ふたつまみの塩だけでしっかりと味が決まるので入れすぎに注意が必要だ。

パンは間違えても薄切りの食パンではダメだ。けれども厚すぎてもダメ。やわらかいオムレツを受け止め、オムレツの熱が伝わってふんわりと温かくなり、ひと口食べたらプツンとした歯切れを感じる厚さ。8枚切りがぴったりとなる。必ずその日に焼き上がった食パンを使うこともこのサンドイッチの重要なところだ。

5分もあれば出来上がるサンドイッチだが、**賞味期限も5分と言えるだろう**。出来たてのオムレツサンドを切り分けて、黄色と白の美しい断面に感嘆の悲鳴をあげたらすぐに頬張ること。何よりもそれがこのサンドイッチの一番おいしい食べ方だ。

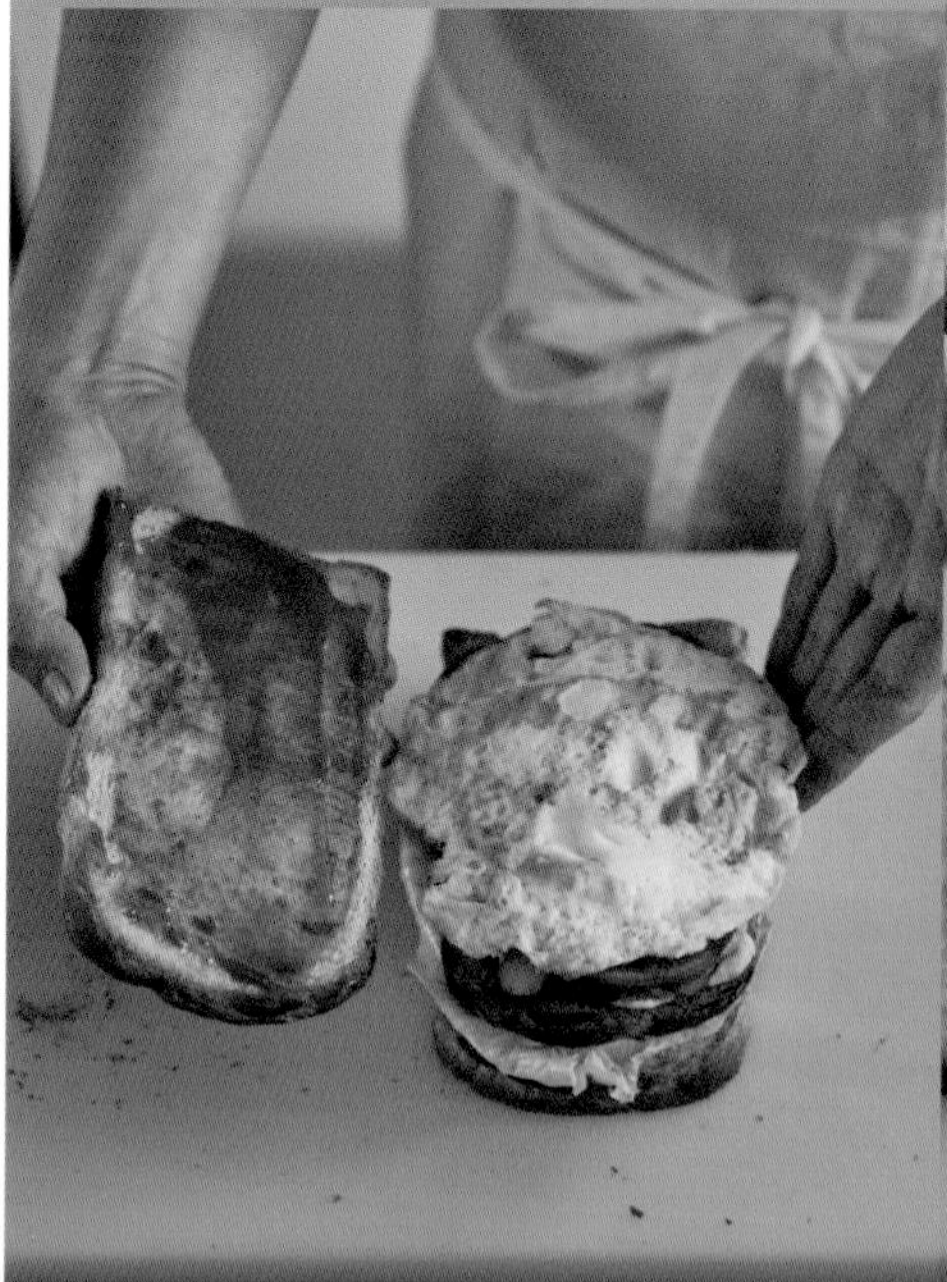

サンドイッチはひとつの宇宙のようなもの。どんなパンで、薄さはどうで、トーストするのかしないのか、何をどう塗るか、温度はどうするか。考えたらキリがない。

これからもこの宇宙をさまよって、わたしはこの料理を追いかけ続けていくだろう。きっと終わりはないけれど、美しくて広大なサンドイッチという料理が、わたしは大好きなのだもの。

きゅうりのサンドイッチの作り方(写真P165)

食パン(12枚切り、ライブレッドかホワイトブレッド)…8枚
きゅうり…3〜4本
◆からしバター
バター(有塩)…大さじ4
コールマンズのマスタード…小さじ1
(なければ和がらし…小さじ¼)
マヨネーズ…大さじ2
白ワインビネガー…適量
結晶塩…適量

❶食パンは8枚の片面にからしバターを塗る。さらに4枚にはマヨネーズを塗り重ねる。
❷きゅうりはパンの一辺の長さに合わせて切り、

さらに縦に薄切りにする。バットに並べて白ワインビネガーをふりかけ5分ほど置き、ペーパーに並べて水気をふく。

❸①のからしバターだけのパン4枚にきゅうりを少しずつずらしながら重ねて、きちんと並べる。

❹残りのマヨネーズを重ねた4枚のパンで③をサンドする。上から手で押さえたら、ラップ材でピチッと包み、冷蔵庫で15分ほど落ち着かせる。

❺耳を切り落とし、きっちり十字に4等分して盛りつける。

❻いただく直前に、結晶塩をふりかける。

◎バターやマヨネーズにディルを細かく切って混ぜるとさわやかな味わいに。

◎コールマンズのマスタードは1814年の発売以来、英国で愛され、英国王室御用達品にもなっているもの。ツンとした辛味とコクがあり、サンドイッチならこれが定番。

ポークマリネのトーストサンドの作り方（写真P169）

イギリス食パン（8枚切り）…6枚
豚肉（しゃぶしゃぶ用）…200g
玉ねぎ…½個

◆マリネソース（混ぜておく）
ウスターソース、ケチャップ…各大さじ3
醤油…少々
サラダ油…大さじ1½

卵…2個
レタス（ちぎる）…2〜3枚
トマト（輪切り）…½個
きゅうり（斜め薄切り）…½本
マヨネーズ…適量
バター（無塩、やわらかくしておく）…適量
ケチャップ…適量

❶豚肉は熱湯でさっとゆで、玉ねぎは繊維を断つように1〜2㎜幅に切り、マリネソースに漬ける（これがポークマリネ）。
❷フライパンにサラダ油（分量外）を熱し、卵を落とし、やわらかいうちに黄身をくずし、裏返して両面焼きにする。
❸パンをトーストし、6枚すべての片面にバターを塗る。
❹2枚のパンにちぎったレタス、その上に①のポークマリネを重ねて乗せる。
❺真ん中になるパン2枚のバターを塗った面にマヨネーズを重ね、その面を下にして、④に乗せる。
❻⑤のパンの上面にケチャップとマヨネーズを重ねて塗り、きゅうりとトマトを乗せ、その上に②の目玉焼きを重ねる。
❼最後の2枚のパンのバターを塗った面にケ

チャップを重ね、その面を下にして⑥に重ねる。

❽軽く押さえてお好みの形に切る。

オムレッツサンドの作り方（写真P173）

食パン（8枚切り）…4枚
卵…3個
塩…ふたつまみ
バター…大さじ1
マヨネーズ…大さじ2

❶ボウルに卵を溶きほぐし、塩を加えて混ぜる。
❷食パンの片面にマヨネーズを塗る。
❸フライパンにバターを溶かし、①を注いで強火で一気にかき混ぜる。やわらかい状態でひとまとめにできるくらいに火が通ったら、等分に②の食パン2枚に乗せる。
❹残りの食パンで卵を挟み、軽く手で押さえ、耳を落として切り分ける。

◎このサンドイッチは出来たての熱々をどうぞ。

シガラ

旅の記憶を料理で持ち帰る

「香り」というのは不思議なもので、その香りで何かを瞬時に思い出すことがある。花の香りや洗濯洗剤の香り、卵を焼いている時の香りやゆずを刻んだ時の香りなどなど。それはふとした何気ない日常に何度かやってくるものだけど、わたしの場合は**スパイスやハーブの香りで、ハッと異国を旅した時の欠片を思い出すことがとても多い。**

カルダモンをつぶしていると、インド北部のヒマラヤの麓にあるシムラーという避暑地を思い出すし、マスタードシードを炒め出すと、わたしに料理を教えてくれた北インドのあるお母さんを思い出す。タイムを摘んでいれば南フランスで料理を習ったおばあちゃんを思い出すし、ラープを作るために米を炒っていると、今までで一番美味しかったラープを出してくれたタイのレストランの暗い照明を思い出したりする。それ以外にも数えきれないほどの香りと思い出の関係があり、そのたびにその時の香りや味の組み合わせに驚い

た気持ちを復習する。

シムラーという地は軽井沢のようなインドの避暑地で高度が高く、灼熱のインドの夏でもここはとても涼しかった。あちこちに並ぶ露店の味の中で印象深かったのが焼きとうもろこし。皮ごと焼いたとうもろこしの皮をめくって、そこにはつぶしたカルダモンとヒマラヤのスモーキーな塩。そして小さなレモンを絞って食べる。日本の焼きとうもろこしとはずいぶん違う、でも香ばしさとカルダモンの香りのこの組み合わせになんとも病みつきになり、旅行中何度も食べた味だ。

北インドでは2週間ほど、とある家庭にホームステイすることになった時に毎日料理を習った。石造りの小さな家。とても狭いキッチンでお母さんと毎日料理をした。一番印象に残っているのは、その日に使うだけのスパイスミックスのようなものを毎朝つぶして作ること。ホールのままのターメリックやカルダモンにクミン、しょうが、黒こしょう、唐がらし、にんにくなどを石臼でつぶす。ぺったりとペースト状になったこのスパイスペーストを朝、昼、晩の料理で使い切る。そしていつもちょっと深めのフライパンにマスタードオイルを熱して、まずマスタードシードをパチパチと炒めた。そこになすやじゃがいもを入れたり、オクラを入れたりして炒め、最後にこのスパイスペーストと塩で味つけする。毎日野菜だけの料理だったけれど、あまりにもすべてが美味しくて、わたしはこの旅でスパイスの凄さを初めて知ったような気がした。

一方、ハーブの香りはわたしにとって南フランスの香りになる。数年前に旅した時に料理を教えてくれたおばあちゃんのレシピには、様々なハーブがたくさん登場したけれど、中でもタイムをよく使っていた。わたしが今でも繰り返し作るのはピストゥスープ。おばあちゃんのこのレシピは最高だった。バジルをベースにしたソースを、野菜と豆が入ったスープに入れて食べる南フランスの代表的なスープ。ここにも必ずタイムを加える。タイムの香りは、そのまま南フランスのおばあちゃんちのキッチンの香りとして記憶されている。

今回は「トルコ風春巻きシガラ」のお話を。実のところ、わたしはトルコを旅したことはない。この料理はわたしが頭の中で作り上げたシガラであって、ほんとのところはどうなのかわからない。「たばこ」の意味を持つシガラというこの料理を、わたしは20代のころに働いていたレストランで初めて食べた。いろんなところを旅してきたその店のシェフがある時メニューに出した料理だった。細くて長い巻きたばこのような春巻きの形や、ラムのひき肉とフェタチーズの食感と独特の香り、そしてなんだかアバウトな作り方で、なんというかわたしにとっては、まだ見たことのない国を初めて少しだけかじったような気がした、まさに外国料理の中の外国料理だった。

揚げたて熱々に生のミントをたっぷり添えて食べる。その組み合わせも20代そこそこのわたしにはもう新鮮すぎてどうにかなりそうなくらいで、今でもその衝撃を超えるような気持ちには出会ってない。だから本当にトルコに行ってこの料理を食べたなら、その時どんな風に感じるのだろう。もしかしたら少々がっかりしてしまうのではないか、と思うほど、今でもこの自己流トルコ風の春巻きの味が好きなのだ。

当時のレシピはあまりはっきり覚えておらず、その時の印象で自己流に作っている。にんにくと玉ねぎ、ラムのひき肉、それがなければ牛ひき肉だって豚ひき肉だっていい。ホールのクミンシードとクミンパウダーでしっかりと香りをつけて、フライパンの中で全部を炒めたら、卵をフライパンの端っこでパチンと割ってぽんぽん入れる。それはシェフがやっていた作り方で、そのアバウトな作り方がとても外国的な感じがしたのを覚えている。あまりきれいに混ぜすぎずにぐるぐるっと卵をこわすように混ぜて、半熟気味なところで火を止めてバットに移す。少し冷めたら手でほぐしたフェタチーズを加えて中身の出来上がり。

あとは春巻きの皮でできるだけ細く長く巻いていく。中温の油でゆっくり中まで熱々になるように揚げたら、フレッシュミントと一緒に頬張る。クミンの香り、フェタチーズの香り、細くてサクサクの春巻きから異国の香りが湯気となって口の中を駆け巡る。もしかしたら、この料理はわたしにとっての「初めての外国料理」と言えるのかもしれないな。

最近、何か趣味はありますか?と聞かれたら、「外国で料理をすること」と答えるようになった。

外国に行って料理をすることは本当に好きだ。初めて足を踏み入れる国だとしても、そこで一度でも料理できたなら、その国に少しだけ溶け込めたような気がするし、わたしにとって旅の思い出は、いつも食べ物を通して蘇ることが多い。

初めての食材、初めての香りの組み合わせ、それを口にした時の驚きや喜びは、それから長い年月がたったあとも、こうして思い出の欠片になってわたしの中にいつまでも残るのだもの。

シガラの作り方(4~5人分)

ラムひき肉(なければ豚ひき肉でも)…250g
玉ねぎ(みじん切り)…½個
にんにく(みじん切り)…1片
クミンシード…小さじ2

サラダ油…大さじ2
卵…1個
フェタチーズ…70g
塩…小さじ1
黒こしょう…少々
クミンパウダー…小さじ½
レモン汁…小さじ1
春巻きの皮…10枚
揚げ油…適量

❶フライパンにサラダ油を弱火で熱し、クミンシードを加えてゆっくり香りを出す。にんにくを加え、香りが出たら、玉ねぎを加えてさらに炒める。
❷しんなりしたらひき肉を加え、色が変わるまで炒めたら、塩、黒こしょう、クミンパウダー、レモン汁を加えて混ぜる。
❸卵を②に直接割り入れ、全体を大きく混ぜるように炒め、卵に火が入りきらないうちに火を止める。バットに取り、広げて冷ます。
❹③にフェタチーズをほぐしながら加えて混ぜる。
❺④を10等分にして、春巻きの皮の真ん中に乗せ、細長い形に巻いて、水溶き小麦粉（分量外）などで端を留める。
❻170℃の揚げ油で、全体がこんがりきつね色になるまで揚げる。
◎お好みでクミンパウダー、ミント、レモンなどを添えて中東風に。

温度の話

「美味しい」、それは必ずしも舌だけで感じるものではないことはみなさんもご存知のとおり。鼻先にふわっと感じる香り立つ熱い湯気。冷たいスープが注がれた器にそっと手を添えた時のハッとする冷たさ。香りや温度、色合い。そんな口にする前の感覚でも美味しさを感じることがある。わたしの故郷、新潟では夏によく鯨汁を作るのだが、鯨肉になす、そして夕顔（新潟ではゆうごうと発音する冬瓜のような野菜）もたっぷり。味噌仕立てで、時には酒粕などを加えることもある。わたしの母もよくこれを作るが、これがとにかく熱い。鯨の肉からしみ出る脂も手伝ってか、火傷しそうなほどに熱々の汁物なのだ。

だがしかし、この熱さがいい。これがぬるくてはもう魅力が半減なのである。アチチチなどと言いながらなみなみと注がれたお椀を持ち、鼻先には味噌の香りの湯気が当たる。ひと口すすればさらにアチチチチ！となる。これを真夏のお昼などに食べると、すっきり

と汗をかいて元気になる。これはまさに熱さがご馳走なのだ。そしてもちろん冬の豚汁もしかり。湯気がもうもうと上り立つような熱いのがいい。味噌の香りがなくならないようにお味噌汁は絶対沸騰させないこと、そんな風に昔から母に言われてきたけれど、実のところわたしはあまり気にしない。だって当の母にしたって、味噌汁はぐらっとさせて熱々を出す。特に鯨汁や豚汁のように脂が加わるお味噌汁は、沸かせるくらいがわたしは好きだ。たとえばオニオングラタンスープの何がご馳走って、上顎を火傷するくらいのあの温度ではないだろうか。冬のポタージュだって煮込みだって、熱々がいい。そのために器はオーブンで温めたり、オニオングラタンスープだって、器ごと焼き上げるからこその料理。絶対に口に運んだ時に火傷するくらいの温度を感じるように心がけたい。

一方、クラクラしそうなほど暑い日の冷たいスープやサラダの皿、冷やし中華やそうめんの器だっていい。指先で触れた時にもしもハッとするほど冷たかったら、口に運ぶ前にどんなにか美味しく感じるだろうか、といつも想像して器を冷やす。

夏の冷たいスープといえばガスパチョ。わたしは、夏の間に何度も繰り返し作る。これは冷たさが身上のスープだ。ただ冷たいのではない。とにかくギャッとするほどに冷たくしたい。うだるような夏の日に、これをひとさじ口にしたなら一気に目が覚めるほど元気になる。キーンと感じる冷たさのあとに焼いたパプリカの甘みやトマトの青さ、オリーブオイルやパンの旨みが溶け合った最高の夏のスープだ。ガスパチョは生の野菜で作るものが多いと思うのだが、わたしは焼いて甘みを出したパプリカと生のトマトで作る。これは好みなのだが、生の野菜だけの青い味わいよりも焼いた野菜が入るほうが身体にスッとなじむような気がするのだ。もちろん焼いたパプリカのコクも加わる。完熟のトマト、焼いて皮をむいたパプリカを中心に、水にひたして絞ったバゲット、オリーブオイル、赤ワインビネガー、水を加えてミキサーでガガーッと攪拌すればいい。

ただし、これで終わりではない。これを冷たく冷たく冷やす必要がある。では冷蔵庫へ、と思うかもしれないが、冷たく冷やすのにとにかく有効なのは氷水。ガスパチョをステンレスのボウルに移して、下にはたっぷりの氷水を当てる。時々全体を混ぜてキンキンに冷やす。冷蔵庫に数時間入れてしっかり冷たくしたガスパチョでも、氷水を当てて冷やした温度には及ばない。冷蔵庫からステンレスのボウルに移し、やはり氷水を当てて冷やす。器ももちろんしっかりと冷やしておいて、スープを注いでテーブルに出した時には、白く曇っていてほしい。冷たいスープはひとさじめですべてが決まる。「冷たい!」と感じること。これが大事。

熱いものと冷たいものの話をしたが、**人肌の美味しさというものもある**。作りたてのポテトサラダなんて、冷蔵庫から出したものより数倍美味しい。いんげんのサラダにレタスのサラダ、手で和えるサラダも冷たすぎないほうが美味しい。手で和えるとサラダは少し温度が上がり、それによって味もしみ込みやすくなったり、美味しさを感じやすくなったりする。

つまり、**温度は料理の大事な大事な要素である**ということ。そして、誰かに作ってもらった料理をいただく時、その人への感謝の気持ちを表すならば、とにかく出来たてをすぐに食べることだ。細心の注意を払ってその人は熱々の料理を、もしくは、ハッとするほどに冷たい料理を、はたまた手のぬくもりを感じるような人肌の料理を出してくれたはずだ。

テーブルについてすぐにそれを感じよう。それが料理のコミュニケーションだ。

ガスパチョの作り方（作りやすい分量）

赤パプリカ…2個
完熟トマト（ざく切り）…2個
オリーブオイル…大さじ6
水…1カップ
塩…小さじ½～1
赤ワインビネガー…小さじ1～2
バゲット…8㎝
にんにく…少々
セロリ、きゅうり（ごく細かいみじん切り）…各½本
オリーブオイル（仕上げ用）…適量
粗塩、ミニトマト、ライム汁…各適量

❶赤パプリカは真っ黒に皮がこげるまでオーブンで焼く。少し蒸らして皮をむいて、ヘタを取り、

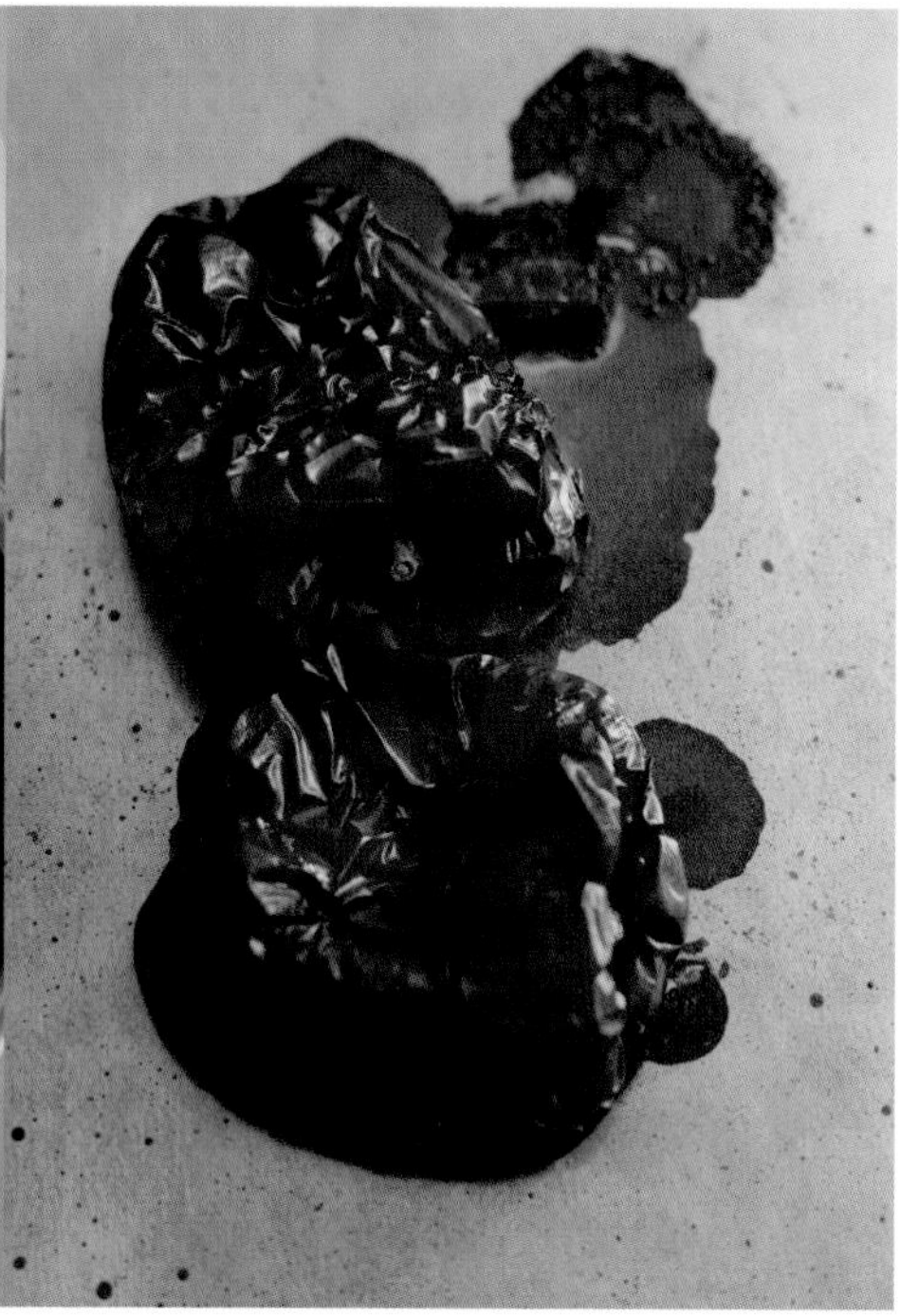

種を除き、手で2～4つに裂く。
❷バゲットは1㎝厚さに切り、水に浸し、水気をしっかり絞る。
❸①のパプリカ、トマト、②のバゲット、オリーブオイルと水の各半量をミキサーに入れ、攪拌する。
❹残りのオリーブオイルと水を加えて攪拌し、塩、赤ワインビネガーを入れてさらに攪拌する。ボウルに取り、氷水をあてて冷たく冷やす。味をみて塩をふる。
❺トッピングを作る。セロリときゅうりはオリーブオイル（仕上げ用）、粗塩、ライム汁で和える。
❻よく冷やした器に④を注ぎ、⑤を乗せる。薄く切ったミニトマト、ライム汁、粗塩、オリーブオイルで仕上げる。

◎バケットを5㎜厚さに切り、オリーブオイルに浸してクミンパウダーをふりかけ、カリッとトーストしたクミントーストを添えれば完璧！

フライパンの話

今の家に住むようになって、すでに十数年の時がたった。引っ越しをしたばかりのころに、家に合わせて買い足した少しの家具や道具も、すでにボロボロになり買い替えたものも多い。この間、キッチンのシンクの下を整理していて、この子だけはこんなに長い時を経ても何も変わらず、いや、むしろどんどん輝きを増して使いやすい道具となっていると思ったものがある。鉄のフライパンだ。

今の家に引っ越す少し前くらいに購入したものだから、すでに20年以上は使っている。ドイツの「ｔｕｒｋ」のものだ。わたしが使っているものは、今は日本では販売されていないようだが、このフライパンをずっと長く愛用している。特徴は鉄であること。そして柄が短めでとても使いやすい角度でついていること。なんてことのないフライパンなのだが、こうして長い年月をかけて自分の道具として育ってきたものというのは、もう他のものでは代用できないほど手になじんで、自分だけの道具になるものだなあとしみじみ思った。だから、このブランドのこのフライパンが、この鍋が使いやすいよ、とおすすめするのはいつも少し違うような気がしている。なんとなく目について購入したもの、特にあまり深く考えずに手に入れたものが、年月の中で、自分だけの大切なフライパンやら鍋やらに育っていく、というのがいいなと思う。

そう思うと、フライパンは、ぜひ鉄製のものをおすすめしたい。わたしももちろんテフロン加工のフライパンはいくつも使っている。軽いから煽りやすいし、オムレツもきれいにできるし、スルスルッと焦げつかないし、利点もいっぱいだ。ただ寿命は短いので、その都度、同じ形のものを何度も買い替える。それでいいと思う。鉄のフライパンは、最初は少し焦げついたり、くっついたりしやすい。でも、使っていくうちに油がなじんでとても使いやすいものとなっていくし、何よりも表面の温度が熱くなるので、肉を焼いたり、野菜を焼きつけたりする料理には一番だ。使い終わったら洗剤を使わず、たわしでザーッと洗い流して、火にかけて水分を蒸発させたらしまうだけ。こうして日々使い続けていれば、一生このフライパンはすばらしい相棒として寄り添ってくれる道具となる。

ひとつ鉄のフライパンをこれから購入しよう、と考えている方に。**厚手の鉄のフライパンを探すこと、柄が短めであること、そして自分が持った時にしっくりくる柄の角度を**

チェックすること、をおすすめしたい。用途にもよるけれど、わたしが大事にしているポイントはこれだけ。厚手であると温度も安定するし、ある程度の重さがあると、肉を焼く時にもホットケーキを焼く時にも、鉄板のごとくどっしりとガスの火からずれないのだ。柄が短めのほうが重さを感じにくく、また、オーブンにパッと入れて仕上げる、なんて時にもいい。柄が長いとオーブンに入らないということになったりする。柄の角度は、言葉で説明するのが難しいのだけど、売り場に並んだフライパンをひとつずつ握りしめ、自分の体にしっくりくるものを選べば間違いないと思う。

少しだけ早起きできた仕事の日には、目玉焼きを焼いて、ごはんにパッと乗せただけの朝食にすることがある。turkの小さなサイズのフライパンを火にかけて、チリチリに熱くする。オリーブオイルを加えたら、卵を2個割り入れてジャーッ‼ グツグツ‼と白身が踊り出すのを眺める。黄身はまだ半熟だけど、白身はこんがりと焼けてきたら最後にさっと裏返す。お醤油をまわしかけるとジャジャーッと香ばしい香りが立ち、ホカホカのごはんに乗せる。黒こしょうをガリガリッとかけて出来上がり。これはぜひ鉄のフライパンで焼いてほしい。この香ばしい卵は高温で焼かないとダメなのだ。

シンクの下の道具入れにしまわれた、わたしの鉄のフライパンは、今日も堂々とした風情で出番を待っている。

包丁の話

旅に行って料理をしようと思う時に、一番困るのは「包丁」だ。1週間ほど借りたアパートの小さなキッチンにあるのは、たいていまったく切れ味の悪い包丁だから。それでもその包丁を使って野菜を切ったり、肉を切ったりして料理をするしかない。トマトはつぶれてしまうし、野菜の繊細な千切りなんかはできるはずもないけれど、美味しい料理はそこそこに作れる。だから、すごくよく切れる包丁がなくても、ある程度、美味しい料理は作れる、ということになる。

でも、繊維をつぶさずにすっと美しく切れたお魚や野菜、お肉にしたって、よく手入れされた包丁で切ったものは仕上がりも美しいし、美味しさだって違うもの。それに、よく切れる包丁で日々の料理をすることは、切り物の腕前だって格別に上達させるものだ。

どんな包丁を買えばいいのでしょうか?という質問を時々もらうことがあるのだが、わ

平常一品
有次
KAMATA
kappabashi

たしもその昔、牛刀とペティナイフの2本でほとんどの料理をしていた。それで困ることもさほどなかった。大きめの牛刀と小さなペティナイフ。どちらも鋼の包丁で錆びやすいけれど、きちんと日々研いでいればいつまでも切れ味を保つことができる。

そのうち、仕事の関係で包丁を見かけては、自分の手になじみそうな菜切り包丁を手に取ったり、旅に出かけたら小さなペティナイフなどを買い集め、今ではけっこうな本数を持つことになってしまった。それでも、自分が料理をする時に、まず手に取るのは、やはり昔から使い続けている牛刀とペティナイフ。この2本の使用頻度が圧倒的に多いのだ。言ってしまえばこの2本で事足りる。**毎日の料理に、何本も包丁を持つこともないのではないかと思う。**

包丁は、持ってみて、重さや大きさが自分になじむもの。それを選ぶこと。数日に一回は習慣のように包丁を研ぐこと。それだけでいいように思う。あとは、それをどう使っていくかが重要なことだ。

そもそもわたしが料理教室を実習形式で始めたのには、料理をする時のフォームをみんなで考えよう、という目的があった。包丁に限らず、フライパンを持つ時、鍋を握る時、たいていの人には癖がある。包丁ならば、ぎゅっと握りすぎて肩が上がる人。どうしても包丁がどちらかに寝てしまってまっすぐに切れない人。

包丁の柄が熱くなるほどにぎゅーっと握っていたら肩も凝りそうだし、そんなに押すようにして包丁を下ろしたらせっかくの刃の役割も半減しちゃう。手首や肩に力を入れすぎずに軽やかに切ろう、包丁は押すのではなくスッと引いた時に切れるものだ、それはレッスン中に生徒のみなさんと確認していることだ。

すばらしいテニスラケットを手に入れても、それを正しいフォームで使わなくては、ラケットの良さが何も役立たないように、包丁だって、その包丁の良さを使いこなせるように自分を鍛えなくてはいけない。まずは難しく考えずに自分の手に合った包丁を手に入れよう。気持ちのいい重さ、大きさを考えて。

料理をする前には大きく深呼吸をして肩を回して、ゆっくりと楽しい気持ちで作業をしたい。そして一生使い続けていく相棒にする、というような気持ちで、きちんと手入れをしてあげる。そうすると、包丁のほうから自分に貼りついてきてくれるようになる。そこまで自分の手でゆっくりと育てていこう。

今度旅に出るのなら、わたしはこの相棒をスーツケースに詰めて出かけたい。そう思っている。

オイルの話

「あれ?!」と食べた人が思ってくれる、ちょっと素敵な料理の方法がある。

「あれ？　なんだかいい香り」、「あれ？　なんだか香ばしい」、「わ〜！　なんだろ」

ひと口食べた時にそんな表情を発見できたら、これは大成功だ。

それは**「オイルで香りをつける」という方法**。ちょっとした料理の仕上げにも、わたしはとてもよくこの方法を使う。

あっさりとした漬け物の美味しさは言うまでもないけれど、たとえば大根やきゅうりの漬け物に、熱々のしょうがオイルをかけてみよう。それだけでちょっと気の利いた肴になったりおかずになったりする。にんにくのオイル、スパイスのオイル、山椒のオイルなど、香りを効かせた熱々の油をさっとかけて仕上げると、その料理がぐっとふくよかになるものだ。生のクレソンたっぷりににんにくオイルをジャッとひとかけ。そのあと塩とレモン汁でさっと和える。山盛りのねぎに熱々のオイルをかければ、素晴らしい香りのねぎ油に。

わたしが長年通う、あるお店のねぎワンタンもゆでたてのワンタンにたっぷりのねぎとこしょうをかけてジャジャッと熱々の油をかけて出てくる。ねぎとこしょうの香りが立って、毎回のことなのにテーブルに運ばれてくるとその香りに「わ〜っ！」と言ってしまうのだ。

すったごまに花椒や唐がらしを加えて、これまた熱い油をジャッとかければ、香ばしい香りがわわ〜っと湯気となって鼻腔に届く。ここに醤油や酢を少し加えて四川風のたれが完成。

オイルは「すばらしい調味料」と考えよう。そのままで香りよいオリーブオイルやナッツのオイルはもちろんだけど、熱く熱く熱して香りをまとわせたり、香りを立てる油の使い方は、とてもおすすめだ。

香りやクセの少ない米油や太白ごま油などがよい。小さなフライパンにちょこっとだけ注ぎ、熱すればいいからとっても簡単。わたしは日々のまかないのひと品にも本当によくこの方法を使う。なんといっても、食べる直前、この油をかけて香りを楽しむ瞬間が好きだ。みんな揃って、きゃーっ、いい香り。お腹すいた〜！と言うのだもの。本当にこの香りだけでごはんが食べられそう。

調味料としての油の使い方。ぜひとも試してみてほしい。

作り方一覧

坂田阿希子　さかた・あきこ

新潟県生まれ、料理家。パティスリーやフレンチレストランで修業を重ねたのち独立。ふだんのおかず、本格的な洋食、さらにお菓子まで、幅広いレシピを提案している。手間を惜しまない手順や細かいこだわりに満ちたその料理は、テーブルの人たちを必ず笑顔に誘う美味しさ。2019年に「洋食KUCHIBUE」を、2022年に「BONJOUR KUCHIBUE」をオープン。『オードブル教本』(東京書籍)、『家で揚げるともっとおいしい』(リトル・モア)、『SPOON』(グラフィック社)、『このひと皿で五感がめざめる、パワースープ』『レストランB レシピブック』(文化出版局)など著書多数。

写　真　宮濱祐美子
デザイン　有山達也+大野真琴（アリヤマデザインストア）

わたしの料理《りょうり》

2024年 3月15日　初版第1刷発行

著　者　坂田阿希子
発行者　喜入冬子
発行所　株式会社筑摩書房
　　　　東京都台東区蔵前2-5-3　〒111-8755
　　　　電話番号 03-5687-2601(代表)
印　刷　TOPPAN株式会社
製　本　加藤製本株式会社

ISBN978-4-480-87918-9 C0077

CLAUDE VAL BLANC
クロード・ヴァル 白
果実酒